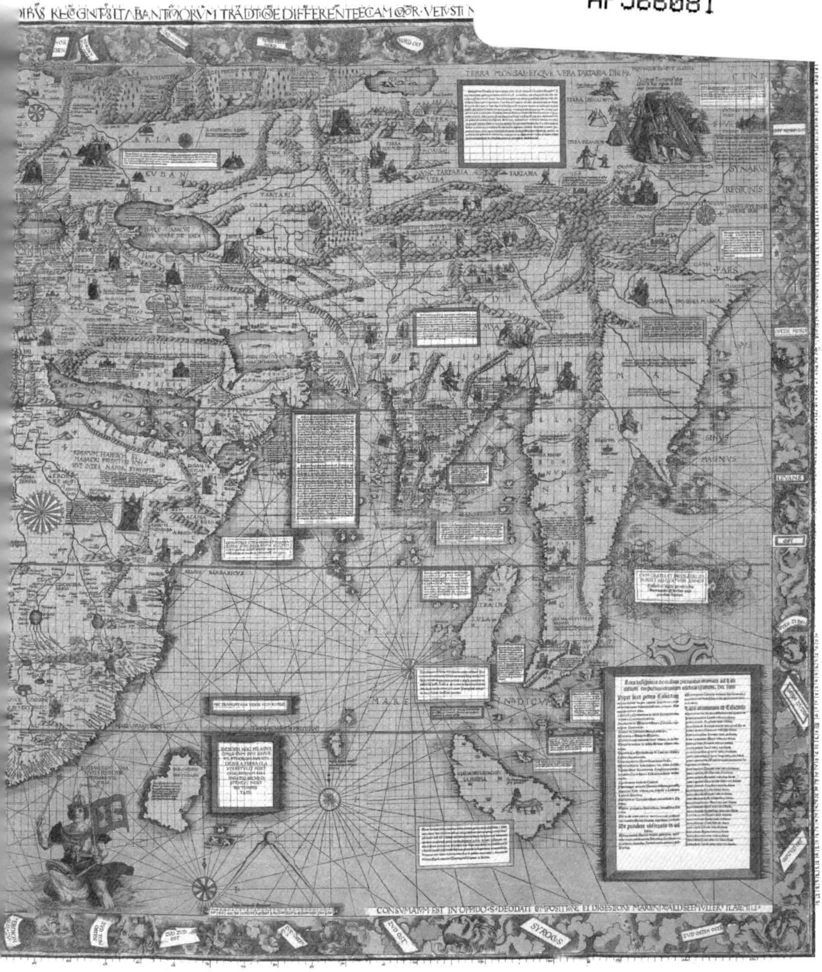

TERRA MONGAL ET QVE VERA TARTARIA DICITVR

TARTARIA

MARE INDICVM

CONSVMATVM EST IN OPPIDO S. DEODATI COMPOSITIONE ET DIGESTIONE MARTINI WALDSEEMVLLER ILACOMILI

SYROCVS

LEVANS

OST

ZVD OSTEN OST

DIE 100 BEDEUTENDSTEN ENTDECKER

Amerigo Vespucci

Amerigo Vespucci

Mundus Novus

—

Neue Welt

und

Die vier Seefahrten

Mit 7 Karten

Herausgegeben von
Uwe Schwarz

»Nun in Wahrheit wurden diese Teile der neuen Welt besonders erkundet und ein weiterer Teil von Americus Vesputius entdeckt … und es ist nicht einzusehen, warum jemand es verbieten sollte, das neue Land Amerige, Land des Americus, zu nennen, nach seinem Entdecker Americus, einem besonders scharfsinnigen Mann, oder America, da sowohl Europa als auch Asien ihre Namen von Frauen haben …«

Martin Waldseemüller/Matthias Ringmann

Inhalt

MUNDUS NOVUS

DIE VIER SEEFAHRTEN

Einführung

Amerika vor und bei seiner Wiederentdeckung
Entwicklungsstränge seiner Entdeckungsgeschichte
bis Columbus und Vespucci

Kein Ereignis in der Entdeckungsgeschichte hat vor allem die Völker Europas so beeindruckt und bewegt wie die Entdeckung der Neuen Welt – Amerikas. Doch schon lange vor Columbus gibt es erste Entdeckungsfahrten, die den amerikanischen Doppelkontinent aus westlicher und östlicher Richtung gewollt oder ungewollt ansteuerten, wie wir aus Zeugnissen der Antike und des Mittelalters wissen. Aber auf einen noch wesentlich längeren Zeitraum müssen wir zurückblicken, als die ersten Einwanderer in das menschenleere Amerika vordrangen und es sukzessive besiedelten.

Erste Einwanderer und Ureinwohner

Woher kamen sie? Wann kamen sie?

Die erste Frage nach der geographischen Herkunft der Ureinwohner lässt sich eindeutiger beantworten als die zweite Frage nach dem genauen Datum der Einwanderung.
Und wie war es überhaupt möglich, dass Menschen vor 40 000 oder sogar 70 000 Jahren den amerikanischen Erdteil betreten konnten, ohne im Besitz von hochseetüchtigen Schiffen zu sein?

Diese Problematik beleuchtet der Geograph und Klimatologe Wilhelm Lauer (1981) von zwei natur- respektive klimageographischen Aspekten her. Der erste Aspekt erklärt die Ankunft der ersten Menschen auf amerikanischem Boden, der zweite die Wanderbewegung in den Kontinent.

In der Zeitspanne zwischen etwa 70 000 und 14 000 Jahren senkten Kaltphasen der letzten Vereisung den Meeresspiegel derart herab, dass die Beringstraße, eine wenig unterhalb des nördlichen Polarmeeres zwischen dem asiatischen Kap Deschnew (Tschuktschenhalbinsel) und dem amerikanischen Kap Prince of Wales (Sewardhalbinsel in Alaska) gelegene 60 km lange, 35 km breite und 57 m tiefe Meerenge, frei von Wasser und somit für nordasiatische Bevölkerungsgruppen passierbar wurde. Als die ersten Einwanderer auf den Nordwesten Amerikas trafen, war ein weiteres Vordringen zunächst unmöglich, da sich über den gesamten kanadischen Raum eine geschlossene Eisdecke erstreckte. Erst nach kürzeren wärmeren Klimaphasen konnten Wanderungen durch einen eisfrei beziehungsweise -arm werdenden Korridor zwischen den vereisten Rocky Mountains und dem östlichen Inlandeis in südliche Richtung stattfinden. So wechselten während der letzten Eiszeit kältere und wärmere Phasen einander ab, wobei die kältere die Beringstraße landfest werden ließ, die wärmere den Durchgang nach Süden schuf und damit Wanderungsbewegungen in den amerikanischen Kontinent auslöste.

Den Nordwesten Amerikas erreichten die Ureinwohner irgendwann vor 40 000 bis 70 000 Jahren. Von hier aus konnten sie erstmals vor etwa 36 000 Jahren den Bereich der Inlandeisbarriere durch einen Korridor verlassen und sich in Teilen der USA und Mexikos ansiedeln. Bei den sich südwärts orientierenden Wanderungen in günstigere Klimazonen sonderten sich verschiedene Gruppen voneinander ab. Von Mexiko über den Isthmus von Panama dürften bereits in einem Zeitraum zwischen 12 000 und 16 000 Jahren erste Gruppen den äußersten Süden Südamerikas erreicht haben.

Nach unserem Sprachgebrauch handelt es sich bei den erwähnten Einwanderergruppen um Indianer, die einen hohen Grad an Multiethnizität erreichten, der sich nicht erst allein isoliert auf dem amerikanischen Doppelkontinent (Nord- und Südamerika) herauskristallisierte, sondern bereits während der Ureinwanderung in verschiedenen Rassen- und Sprachzugehörigkeiten angelegt war. Denn setzte man bei den ersten Einwanderungswellen eine homogene Rasse voraus, würde sich heute wohl kaum ein so sehr heterogenes Erscheinungsbild vom Indianer präsentieren können, worauf uns der Völkerkundler Hermann Trimborn (1964) nachdrücklich verweist. Sicher ist, dass die Ureinwohner dem großen mongoliden Rassenkreis Asiens angehörten. Die Bezeichnung »Indianer« leitet sich vom Namen des Subkontinents Indien ab und beruht auf einem Irrtum, der seit der Entdeckung Amerikas durch Columbus nicht mehr zu korrigieren war. Columbus segelte von Europa nach Westen und glaubte, in den vorgefundenen Ländern auf Indien getroffen zu sein.

Bedenken wir, dass die ersten Einwanderer und zugleich Ureinwohner Amerika schon vor 70 000 Jahren erreicht haben können und Columbus erst im Jahre 1492 auf Amerika traf, ist es gerechtfertigt, den Namen »Indianer« zumindest für den einen langen Zeitraum einnehmenden Vorgang der Erstbesiedlung und Inbesitznahme zu meiden und besser von Einwanderern zu sprechen, die als erste menschliche Gruppen Amerika besiedelten und als dessen Ureinwohner gelten.

Erste Entdeckungen

Die westöstliche Entdeckungsrichtung

Die Entdeckung Amerikas setzt bereits lange Zeit vor Christi Geburt ein. Die frühesten Entdeckungen waren nach unserem heutigen Kenntnisstand vom ostasiatischen Kulturkreis aus erfolgt. Ob diese Entdeckungsfahrten von Westen nach Osten über den Pazifischen Ozean bewusst und gezielt in Angriff genommen worden waren, scheint zweifelhaft. Wahrscheinlicher dagegen ist es, dass die ersten Kontakte zwischen Asien und Amerika ungewollt zustande kamen. Geriet nämlich ein Boot aus ostasiatischen Gewässern in den Sog der Kuroshio-Meeresströmung, die östlich Taiwans einsetzt und sich bei etwa 40° nördlicher Breite von Japan aus ostwärts bewegt, so konnte es ohne Weiteres mit der nordpazifischen Strömung in östlicher Richtung auf die Westküste Nordamerikas treiben. Die Besatzung, auf solche Weise einer durch natürliche Kräfte erzwungenen Route folgend, strandete regelrecht auf Neuland, sodass man solch eine unbeabsichtigte Entdeckungsleistung als das Ergebnis einer Verschlagung bezeichnet. Den heimatlichen Gewässern Ostasiens entrissen, mussten sich verschlagene japanische Fischer wie Ausgesetzte vorgekommen sein, als sie ungefähr um 3000 v. Chr. an die Westküste des amerikanischen Doppelkontinents angespült wurden.

Im Jahr 1974 setzt sich der Österreicher Kuno Knöbl mit sieben Gefährten in eine chinesische Dschunke, die einem Modell aus der Zeit um Christi Geburt nachgebildet wurde, um den eben skizzierten Weg von Asien über den Nordpazifik nach Amerika als mögliche Schifffahrtsroute empirisch nachzuvollziehen. Doch nach einer Fahrtzeit von über einem Vierteljahr muss man nach zwei Dritteln der zurückzulegenden Strecke, nach etwa 8000 von

12000 km, aufgeben. Schiffsbohrwürmer (häufigste Art der Schiffsbohrmuscheln) fraßen sich in das Fichtenholz der Dschunke »Tai Ki«. Aber hätte man statt wochenlanger Flaute in japanischen Gewässern die gewohnte Zugstärke des Kuroshio-Stroms erwischt, wäre die amerikanische Küste trotz Bohrmuscheln mit großer Wahrscheinlichkeit erreicht worden (K. Knöbl 1975). So erfuhr Kuno Knöbl dann auch Anerkennung von dem wohl populärsten Vertreter der Experimentellen Archäologie, dem norwegischen Forscher Thor Heyerdahl. Persönlich schrieb er an den Gesamtleiter der österreichischen Transpazifik-Expedition: »Ihre Reise mit der ›Tai Ki‹ hat gewiß den Nachweis erbracht, daß primitive Wasserfahrzeuge eine Reise von Südostasien nach Amerika entlang des Großkreises über den Nordpazifik bewältigen konnten. Sie kamen auf jeden Fall weit genug, um die Möglichkeit eines direkten Seeweges von südchinesischen oder indonesischen Gewässern nach Amerika unter Beweis zu stellen« (Zitat aus K. Knöbl 1975, Klappentext). Heyerdahls weltberühmte Kon-Tiki-Expedition befuhr im Jahre 1947 den Südpazifik von Südamerika aus mit einem Balsa-Floß, wie es etwa 1500 Jahre zuvor traditionell in Altperu gebaut wurde. Die sechsköpfige Crew startete im peruanischen Hafen Callao und erreichte nach 101 Tagen das zu Französisch-Polynesien gehörende Atoll Raroia. Rund 7000 km waren geschafft. Diese spektakuläre Expedition zeigte, dass die Besiedlung Polynesiens von Südamerika aus theoretisch möglich gewesen wäre. Weitere derartige Expeditionen Heyerdahls mit primitiven Schiffstypen folgten mit dem Zweck, woanders noch frühere Migrationsrouten und Verbindungen zwischen den Völkern und Kulturkreisen nachzuweisen. Vorherrschende Winde und Meeresströmungen als Transportbänder spielen dabei eine tragende Rolle. (T. Heyerdahl 1978, 1980)

Um aber wieder auf die westöstliche Entdeckungsrichtung Asien–Amerika zurückzukommen, sei auf den großen Forschungsreisenden und Geographen Alexander von Humboldt verwiesen, der zu Beginn des 19. Jahrhunderts schon vermutete, dass amerikanische von asiatischen Kulturen beeinflusst wurden. Und ohne derartige Kontakte über den transpazifischen Weg im Sinne der kulturellen Diffusion Robert Heine-Gelderns wären die vielen übereinstimmenden Kulturmerkmale kaum denkbar. (K. Knöbl 1975)

Als weitere Quelle über frühere Entdeckungen respektive Kenntnisse Amerikas kommt die 1980 erschienene, groß angelegte kartographiehistorische Interpretation des belgisch-argentinischen Gelehrten Paul Gallez in Betracht. Schon vor dieser Arbeit war bekannt, dass vornehmlich Südamerika auf Karten und Globen des 15. und 16. Jahrhunderts einem Drachenschwanz ähnlich aus Südostasien herauswächst. Der Argentinier Enrique de Gandía erblickte erstmals 1942 in dem drachenschwanzartigen Gebilde den südamerikanischen Subkontinent. Als nicht exakt erscheinende und fehlerhafte Kartierung brauchte man den Drachenschwanz angeblich einer wissenschaftlichen Analyse nicht zu unterziehen. Gallez begann als Erster, die verschiedenen Drachenschwanzdarstellungen näher zu untersuchen. Es sei hier nur auf die Londoner Ptolemaios-Karte des deutschen Kartographen Heinrich Hammer aus dem Jahre 1489 verwiesen, welche drei Jahre vor der ersten Fahrt des Columbus »die vollständigste und richtigste Darstellung des südamerikanischen Flußnetzes« beinhaltet, »die vor der Mitte des 19. Jahrhunderts angefertigt worden ist« (P. Gallez 1980). Aber wie war es nur möglich, Südamerika in so früher Zeit zu kartieren? Der Bonner Geographie- und Reisehistoriker Hanno Beck beschreibt dieses Phänomen in seiner einführenden Problemorientierung zum Gallezschen Drachenschwanz-Buch wie folgt: »Wir stehen damit [gemeint ist der Drachenschwanz] vor einem Problem, das in der Wissenschaftsgeschichte nicht unbekannt ist: Wir erkennen ein vorhandenes Wissen, nur können wir uns (noch!) nicht erklären, wie es zustande kommen konnte.« (H. Beck 1980)

Denn »das Geheimnis des Drachenschwanzes« birgt Geheimnisse vergangener Expeditionen, zum einen von solchen, deren Existenz zwar als gesichert gilt, deren Absicht aber noch nicht geklärt werden konnte, zum anderen von denen, welche überhaupt noch nicht bekannt sind, die also erst noch entdeckt werden müssen. Diese Geheimnisse der Vergangenheit ans Tageslicht zu fördern, wird nicht zuletzt auch mit dem Einsatz computertechnischer Neuerungen in Zukunft ermöglicht werden können.

Selbstverständlich betreffen die soeben skizzierten Äußerungen im Hinblick auf vorkolumbische Entdeckungen Amerikas nicht allein die westöstliche, sondern genauso die im Anschluss zu verfolgende ostwestliche Entdeckungsrichtung.

Die ostwestliche Entdeckungsrichtung

Das bisher älteste bekannte Dokument, das die Anwesenheit phönizischer Seefahrer in Amerika belegt, wurde 1873 im brasilianischen Paraíba (heute João Pessoa) an der Ostspitze Südamerikas gefunden. Nachdem die Inschrift etwa zwei Jahrzehnte für echt gehalten wurde, bezweifelte man später deren wahren Charakter. Erst 1969 ließ sich aufgrund einer minutiösen philologischen Studie die Echtheit des achtzeiligen Textes nicht mehr anzweifeln. Dem Bonner Theologen und Aramaisten Lienhard Delekat (1969) war es fast 100 Jahre nach dem Fund von Paraíba gelungen, die Anwesenheit der Phönizier in Amerika auf das 5. Jahrhundert v. Chr. zu datieren. Bevor die Phönizier aber in Paraíba schriftlich Zeugnis ablegten, müssen sie nach den Interpretationen Delekats zunächst auf Mittelamerika gestoßen sein, wo sie in erste Kulturkontakte getreten sind.

Dass phönizische Seefahrten auch technisch durchaus im Bereich des Möglichen lagen, bewies der Nestor authentischer, auf Hochseefahrten erprobter Schiffstypen: der bereits erwähnte Anthropologe, Zoologe und Geograph Thor Heyerdahl. 1970 gelangte Heyerdahl mit sieben Reisegefährten in 57-tägiger Fahrt von der marokkanischen Hafenstadt Safí nach Bridgetown auf der Insel Barbados, die im Südosten der Kleinen Antillen zugleich den östlichsten Punkt Mittelamerikas markiert. Der nach ägyptischen Vorbildern entwickelte und bei den Phöniziern bekannte Schiffstyp, ein rekonstruiertes Papyrusboot, absolvierte die 6100 km weite Transatlantikroute (Ra-II-Expedition) ähnlich erfolgreich, wie es seinerzeit den Phöniziern gelungen sein dürfte (T. Heyerdahl 1980). Von den Fähigkeiten phönizischer Seefahrer berichtet schon Herodot aus Halikarnassos, der uns vor allem als der Vater der Geschichtsschreibung ein Begriff ist. Ergänzend hierzu dürfen wir in diesem großen Griechen auch den »Vater der Geographie Europas« erblicken, wie ihn Hanno Beck (1982) bezeichnet hat. Etwa 150 Jahre nach einer phönizischen Afrikaumsegelung, die um 600 v. Chr. stattgefunden hatte, berichtet uns Herodot über dieses Ereignis. Den Befehl zu dieser Expedition erteilte Pharao Necho II. so klar, dass die Umschiffbarkeit des afrikanischen Kontinents schon vorher bekannt gewesen sein musste, da Necho die Expedition vom Roten Meer in der Gewissheit aussandte, dass diese nach der Umfahrung Südafrikas sowie nach dem Passieren der Säulen des Herakles (Straße von Gibraltar) ohne Weiteres in Ägypten zurückerwartet werden konnte. Die ersten Umschiffungen Afrikas müssen demgemäß von Osten nach Westen vollzogen worden sein. Auch der sprachwissenschaftliche

Nachweis des phönizisch geprägten Begriffs Ozean spricht für dieses bedeutende Seefahrervolk (C. Ritter 1861; M. Büttner 1980).

Ob die im Mittelalter in irischen Überlieferungen angeführten Seefahrten über den Atlantik tatsächlich stattgefunden haben, darf wohl spätestens seit der im Jahr 1977 in heyerdahlscher Manier geglückten Überfahrt von Irland nach Neufundland durch Timothy Severin nicht mehr als vollkommen unmöglich erscheinen (T. Severin 1979).

Aus einer normannischen Landnahmesage um 1200 geht hervor, dass norwegische Siedler unter Floke Vilgerdson um 865 den ersten Versuch einer Besiedlung Islands wagten, sich aber infolge einer zu kalten Klimaepoche während einer besonders strengen winterlichen Phase geschlagen geben mussten. Angesichts klimatisch widriger siedlungsfeindlicher Umstände und eines voll mit Eis bedeckten Fjords bezeichnete man das ganze Land respektive die ganze Insel als »Eisland«, was zu »Island« synonym aufzufassen ist. Aber schon wenig später konnte unter Führung von Ingolf Arnarson im Jahr 874 aufgrund eines günstigeren, siedlungsfreundlicheren Klimas die Inbesitznahme der 103 000 qkm großen Insel erfolgen. Bis zum Jahre 930 vollzog sich die isländische Landnahme durch die norwegischen Siedler.

Grönland, was »Grünland« bedeutet, verdankt seinen gar nicht typisch erscheinenden Namen dem normannischen Entdecker Erik Thorwaldson, der uns als Erik der Rote bekannter ist. Dieser wurde 982 wegen Totschlags zu dreijähriger Verbannung verurteilt und musste somit seinen isländischen Hof verlassen. Die so geahndete Straftat und die Erinnerung an einen gewissen Gunnbjörn Ulfsson, der als einer der Pioniere Islands während einer Umsegelung der Insel weiter nach Westen abgetrieben sein muss und dort

Land gesichtet hatte, veranlassten Erich den Roten, in westwärtiger Fahrt neues siedlungsfähiges Land zu erkunden. So erreicht er noch im selben Jahr mit seiner Gefolgschaft die mit einer Fläche von 2 175 600 qkm absolut größte Insel der Erde an einem Küstensaum im Südwesten, der wegen seiner blühenden Vegetationsdecke zum Zeitpunkt einer ohnehin wärmeren Klimaepoche den Normannen günstigere natürliche Gegebenheiten versprach, als diese zunächst ahnen konnten. Auch nach Ablauf der Verbannungsfrist und Rückkehr nach Island entschied sich Erich der Rote für eine grönländische Landnahme. Die Bezeichnung »Grünland« sollte wohl für eine sich lohnende Siedlertätigkeit werben. Island und Grönland hätten eigentlich ihrer natürlichen Ausstattung nach jeweils den Namen der anderen Insel erhalten müssen, aber Klimaschwankungen spiegelten oberflächlich andere natürliche Verhältnisse wieder (C. D. Schönwiese 1979).

Naturgeographisch war mit Grönland bereits ein zum nordamerikanischen Subkontinent gehöriges Land betreten. Leif Eriksson, ein Sohn Erichs des Roten, rüstete zu einer Entdeckungsfahrt nach Westen in der Annahme, weiteres siedlungsgünstiges Land zu erreichen in der Weise, wie es seinem Vater 18 Jahre vorher geglückt war. Dass man westlich Grönlands auf Neufundland treffen konnte, wusste man von dem Bericht des Bjarne Herjolfsson, der 985 seinen Eltern, die sich den Siedlungsplänen Eriks des Roten anschlossen, nach Grönland folgte. Dabei verschlug es ihn zu weit nach Westen, sodass er die amerikanische Küste im Süden Labradors erstmals sichtete. Dem norwegischen Archäologen Helge Ingstad (1966) zufolge haben sich die Normannen erstmals im Norden Neufundlands bei L'Anse aux Meadows niedergelassen. Da man hier wilde Reben antraf, wurde allgemein vom »Vinland« (= Weinland) gesprochen. Die normannischen Entdecker drangen auf ihren sogenannten Vinlandfahrten bis in den heutigen US-amerikanischen Bundesstaat Minnesota vor, westlich des größten Süßwasserseengebietes der Erde. 1898 wurde bei Kensington in Minnesota ein Stein gefunden, dessen Inschrift die Anwesenheit von acht Schweden und 22 Norwegern bezeugen soll, die 1362 im Auftrag des norwegisch-schwedischen Königs Magnus nach verschollenen Landsleuten suchten. Anhand zahlreicher zur Befestigung von Bootstauen dienenden Vertäuungssteine ließ sich die Schiffsroute jener Expedition rekonstruieren. Von Newport im heutigen Rhode Island umfuhr man zunächst Labrador, stieß in die später so genannte Hudsonbai hinein, fuhr den dort einmündenden Nelson River stromauf weiter durch den Winnipegsee und erreichte schließlich Minnesota. Vermutlich haben sich die Expeditionsteilnehmer mit der einheimischen Bevölkerung vermischt, denn nach Newport kehrten sie nicht mehr zurück. Interessanterweise ist noch nach drei Jahrhunderten der Name Magnus bei den Indianern bekannt. Eine Kolonisation des amerikanischen Festlands war den Normannen nicht gelungen. Dagegen waren an der Südwestküste Grönlands ungefähr 100 Siedlungsplätze mit etwa 5000 Bewohnern entstanden. Nachschubprobleme und das Eindringen der Eskimos unterbrachen dann den Kontakt zum im Osten gelegenen Heimatkontinent Europa (H. Trimborn 1961).

Schritt für Schritt tasteten sich die Normannen von Norwegen über den Nordatlantik nach unbekannten Ländern und letztlich sogar an einen neuen Erdteil heran. In drei Etappen mit den beiden Zwischenstationen Island und Grönland gelangten normannische Seefahrer in einem Zeitraum von 126 Jahren nach Vinland, dem Festland Nordamerikas. Dort hinterließen sie auch im Landesinnern ihre Spuren, ohne jedoch eine fortwährende Kolonisation auszulösen. Zweifelsohne besaßen die Normannen eine überdurchschnittliche Entdeckungsenergie, doch die Eroberung Amerikas sollte anderen europäischen Völkern überlassen bleiben.

Wandel im geographischen Denken

Das christliche Abendland besaß im ausgehenden Mittelalter und zu Beginn des sich anschließenden Zeitalters der Renaissance noch keinerlei Vorstellung von einem weiteren, bis dahin unbekannten Erdteil. Das Dokument, welches die phönizische Anwesenheit auf amerikanischem Boden bestätigt, ist ja nicht in Europa, sondern erst viel später in Südamerika gefunden worden. Auch die Vinlandfahrten der Normannen wurden nicht beachtet. Aber war denn umgekehrt den Frühentdeckern sowohl der West- als auch der Ostküste Amerikas überhaupt bewusst, einen selbstständigen Erdteil betreten zu haben? Dass an jenen frühen Entdeckungsfahrten nicht konsequent angeknüpft worden war, schmälert deren Leistung keineswegs.

Das Weltbild der Christen in Europa war im Verlauf des Mittelalters von der römisch-katholischen Kirche aus biblischer Sicht »religiös geprägt und symbolisch bildbedingt« (H. M. Nobis 1982) vermittelt worden. So stellte man sich die Erde als eine runde Scheibe vor, auf welcher die zu jener Zeit bekannten drei Erdteile Asien, Europa und Afrika von einem riesigen Ozean umströmt sein sollten. Der Nabe eines Rades gleich erkennt man Jerusalem als Mittelpunkt der Erdscheibe. Im unteren Kreisausschnitt trennt der größte Teil des Mittelmeers in Form einer auf Jerusalem gerichteten Halbachse die beiden Erdteile: Europa auf der linken sowie Afrika auf der rechten Seite. Der in das Schwarze Meer einmündende Don, das Schwarze Meer selbst, das östliche Mittelmeer und der in dasselbe einströmende Nil bilden als sie einigendes Band in Form einer waagerecht verlaufenden Achse die Abgrenzung zwischen Europa und Afrika im unteren Kreisausschnitt sowie dem dritten Erdteil Asien im oberen Kreisausschnitt. So nehmen Europa und Afrika jeweils ungefähr die Fläche eines Viertelkreises ein, wohingegen Asien nahezu den übrigen Halbkreis beansprucht. Wegen seines scheibenförmigen Aussehens bezeichnet man diesen mittelalterlichen Kartentyp als »Radkarte«. Drehten wir einmal solch eine Karte wie ein Rad um 90 Grad nach rechts, verschöbe sich Asien von der oberen zur rechten Kreishälfte, Europa vom linken unteren zum linken oberen Kreisviertel und Afrika schließlich vom rechten unteren zum linken unteren Kreisviertel. Damit hätten wir die Karte unserem heutigen kartographischen respektive geographischen Denkschema nach eingeordnet. Dagegen ist jener Kartentyp in seiner Ausgangssituation aufgrund der religiösen Motivation nach Jerusalem und damit nach Osten ausgerichtet respektive orientiert (lat. oriens = Ost). Da die drei Erdteile von den beiden angesprochenen Trennungsbändern T-formartig (= Halbachse und Achse der Gewässer, s. o.; T = das griechische Tau als Zeichen des Kreuzes) voneinander abgegrenzt und von einem allumfassenden Weltmeer kreisförmig umschlossen werden, hat sich bei diesem mittelalterlichen Kartentyp in der Fachterminologie auch der Begriff »TO-Karte« eingebürgert. Eine kleine Weltkarte im TO-Schema gilt als die älteste bekannte europäische Holzschnittkarte. Das Konzept stammte vom Kirchenlehrer Isidor von Sevilla (um 560–636). Die Karte erschien 1472 in Augsburg, also noch 20 Jahre vor der Entdeckung Amerikas durch Christoph Columbus.

Die soeben gemachten Ausführungen legen als plausiblen Schluss nahe: Die Erde ist eine Scheibe. Die Erdfigur aber als eine Scheibe zu deuten, war in den Gelehrtenkreisen der Zeit keinesfalls die vorherrschende Meinung. Vielmehr wusste man von der Kugelgestalt dank der antiken Leistungen Griechenlands. Wie war das möglich?

Die Griechen entwickelten schließlich die Vorstellung von der Kugelgestalt der Erde vor allem durch reine Naturbeobachtungen: allmähliches Emportauchen von Schiffen am kreisförmigen Meereshorizont, Änderung des Himmelsanblicks bei Positionswechsel, kreisförmiger Erdschatten bei Mondfinsternissen. Dieses Wissen veranlasste Eratosthenes von Kyrene – Bibliotheksvorsteher in Alexandria – im 3. Jahrhundert v. Chr. dazu, erstmals den Erdumfang zu berechnen, indem er wahrscheinlich die aus ägyptischen Katasterplänen bekannte Distanz von 5000 Stadien zwischen Alexandria und Syene (Assuan) mit 360° multiplizierte und durch den aus der unterschiedlichen Sonnenstandshöhe ermittelten Breitenunterschied beider Orte (7° 10') dividierte. Der heutige über die Pole gemessene Erdumfang beträgt 40 009 km. Welches Stadionmaß der Antike Eratosthenes angewandt hat, wissen wir nicht. So sind zum Beispiel Umfangswerte von 37 200 oder 44 400 km möglich. Dennoch, diese Methode der »Gradmessung« ist für seine Zeit genial. Bereits im 2. Jahrhundert v. Chr. schuf Krates von Mallos in Pergamon einen steinernen, nicht mehr erhaltenen Erdglobus. Das antike Wissen über die Gestalt der Erde und ihrer Länder gipfelte im 2. Jahrhundert n. Chr. in den Schriften des in der berühmten Bibliothek von Alexandria wirkenden Claudius Ptolemaeus (um 100 bis 178 n. Chr.). Dieses Wissen der alten Griechen von der Kugelgestalt der Erde blieb dem christlichen Abendland als direkte griechische Quelle zwar noch lange im Verborgenen, war aber durch die Araber im Mittelalter erkannt und weiter tradiert worden. Mit der Übersetzung der Geographie des Ptolemaeus (griech.: Ptolemaios) ins Arabische war dies möglich gewesen. So wissen wir aus der wichtigsten Quelle zur älteren arabischen Literaturgeschichte, dem »Fihrist«, dass es zwei Übersetzungen aus dem Syrischen (Aramäischen) gegeben hatte. Eine Überarbeitung ca. 826/um 830 durch den arabischen Mathematiker, Astronomen und Geographen Abū Ǧa'far Muhammad ibn Mūsā al-Ḫuwārizmī ist dagegen erhalten geblieben. Dem von griechisch-muslimischer Tradition geprägten Kartenschaffen im 9. Jahrhundert folgten im 10. Jahrhundert unter original arabischem Einfluss groß angelegte Kartenwerke verschiedener Autoren, die als »Islam-Atlas« bezeichnet werden. Sie beinhalteten stets 21 Karten: Weltkarte, 3 Meereskarten (Mittelmeer, Persischer Golf, Kaspisches Meer) und 17 Länderkarten ausschließlich islamischer Gebiete. Im Zentrum der runden Weltkarte ist Mekka gelegen. Der bedeutende marokkanische Geograph und Kartograph Abū 'A'bdallāh Muhammad al-Idrīsī vertritt die normannisch-arabische Periode der islamischen Kartographie. Er stand in Palermo im Dienste des Normannenkönigs Roger II. von Sizilien. In seinen Kartenwerken (1154, 1161) rekurrierte er auf die antike Tradition des Ptolemaeus und verband diese mit den Berichten und Wegekarten arabischer Reisender und Geographen. Auskünfte für Nordeuropa erhielt er von normannischen Seefahrern, die aber keine Hinweise zu Grönland und Nordamerika lieferten.

Das Spätmittelalter ist von Ereignissen und Entwicklungen geprägt, die mit der Entdeckung Amerikas durch Christoph Columbus 1492 für den europäischen Kulturkreis historisch die Epoche der Frühen Neuzeit beginnen lassen, welche eine etwa 300-jährige Zeitspanne bis zum Beginn der Französischen Revolution 1789 einnimmt. Dabei ist der Übergang vom Spätmittelalter zur Frühen Neuzeit eng mit den kulturhistorischen Strömungen und Leistungen der Renaissance verknüpft, die wiederum ohne die wiedergewonnen Kenntnisse der Antike nicht vorstellbar gewesen wären.

Das Spätmittelalter wartet mit einem spektakulären, geheimnisumwitterten Kartentyp auf, dessen Existenz unmittelbar mit der Verwendung des Kompasses verbunden zu sein scheint. Der Kompass, eine ursprünglich chinesische Erfindung (um 100 n. Chr.), erreichte durch arabische und persische, eventuell auch normannische Vermittlung Europa und wurde ab dem 10./11. Jahrhundert im Mittelmeergebiet angewendet. Um 1300 tauchen dann erstaunlich genaue Seekarten auf, die, auf Pergament mehrfarbig gezeichnet, die Ausmaße einer ganzen Tierhaut annehmen konnten. Der kartenhistorischen Nomenklatur gemäß werden sie als Portolankarten tituliert, die als zeichnerische bzw. kartographische Ergänzung zu den schriftlich älteren Segelanweisungen bzw. Segelhandbüchern, den Portolanen, wertvolle navigatorische Hilfestellung boten. Die Konfiguration des größten Teils der europäischen Küsten erhielt ein bemerkenswert realistisches Abbild. Bei der Kartierung der Küstenlinien wurde fast peinlichst genau auf die für einen gesicherten Schifffahrtskurs bedeutsamen topographischen Erscheinungen wie Lichtzeichen, Strömungsverhältnisse, vorherrschende Winde, Kaps, Buchten, Flussmündungen und Häfen verwiesen, wogegen das Landesinnere durch verschiedenste allegorische Darstellungen topographisch in den Hintergrund trat. Die italienische Vokabel »portolano« birgt ja auch schon den Sinn und Zweck jener handgezeichneten Seekarten, die nämlich das Anlaufen von Häfen kartographisch zu veranschaulichen hatten. Die Hafennamen sind überwiegend senkrecht zur Küstenlinie landeinwärts eingetragen. Als ein weiteres Charakteristikum dieses Kartentyps springen dem Betrachter die an unterschiedlichsten Stellen willkürlich eingetragenen Windrosen ins Auge. Ihre differenzierten Himmelsrichtungsangaben verlaufen linienhaft über das gesamte Kartenblatt und kreuzen sich dabei mehrfach mit den strahlenartig ausgehenden Linien anderer Windrosen. Die strahlenförmig erscheinenden Linien bezeichnet man als Rumben. Die Küstenkartierung und damit der eigentliche Aufbau und Inhalt einer Portolankarte ist von dem blattumfassenden Rumbennetz vollkommen unabhängig, da der seinen Kompass benutzende Seemann die vielen Linien lediglich als Hilfestellung zur Auffindung des Kurses benötigte. So konnte der Schiffspilot die Himmelsrichtung einer ausgewählten Linie verfolgen und dabei die Karte in Richtung des eingeschlagenen Kurses drehen. So spricht man auch von Kompasskarten.

Der Bedarf nach Seekarten war groß. Für den praktischen Gebrauch waren sie bei Seeleuten und Kaufleuten begehrt, außerdem bei Herrschern, Politikern, Reisenden, Missionaren und Wissenschaftlern. Ein herausragendes Zentrum dieser Kartenherstellung bildete Mallorca.

Den Kompass als Auslöser für die Entstehung dieses Kartentyps zu deuten, scheint logisch, ist aber nicht beweisbar. Die Wurzeln des Portolans reichen dagegen in die Antike zurück. Die Griechen zeichneten das Vorbeifahren an den Küsten auf, und so entstand die literarische Form des Periplus. Der Portolankarte fehlt dagegen das Bindeglied zur Antike. Denkbar wäre eine Anknüpfung an die römische Reichsvermessung, von der aber keine Karten überliefert sind.

Mit Portolan, Portolankarte und Kompass an Bord wurde es nun möglich, sich von der bloßen Küstenorientierung hinaus auf das offene Meer zu wagen. Außerdem besaß man in dem von Portugiesen konstruierten Schiffstyp der Karavelle seit der zweiten Hälfte des 14. Jahrhunderts zusätzlich noch ein besonders seetüchtiges Fahrzeug. Der sich so allmählich vollziehende Wandel von der Küsten- zur Hochseeschifffahrt ebnete als einer von zwei maßgebenden Faktoren auch die Bahn für die folgenden großen Entdeckungsfahrten, welche von Portugal und Spanien ausgelöst wurden. Waren bei diesem ersten Faktor technische Neuerungen vorausgegangen, so handelte es sich bei dem zweiten Faktor um eine Neuerung fundamentalster Art. Ein längst vorhandenes Wissen vergangener Zeiten wurde wiederentdeckt. Der darauf rasch einsetzende Wandel in Bezug auf das christliche mittelalterliche Weltbild kam einer Revolution gleich, deren geostrategische Konsequenzen noch gar nicht abgesehen werden konnten. Gemeint ist hier die Wiederentdeckung des antiken Wissens von der Kugelgestalt der Erde. Nachdem im Jahre 1406 die »Geōgraphikḕ Hyphḗgēsis« bzw. »Geographie« (»Erdbeschreibung«, »Erdzeichnung«) des im zweiten Jahrhundert in Alexandria wirkenden griechischen Gelehrten Claudius Ptolemaeus (oder griechisch: Klaudios Ptolemaios) von Jacobus Angelus (auch Jacopo d'Angelo) aus Scarperia erstmals aus dem Griechischen ins Lateinische übersetzt worden war, wurde dem christlichen Abendland ein etwa 1200 Jahre verborgenes Weltbild in einer Weise bewusst, wie es einem nichtsahnenden Vater ergehen mag, der von der Existenz seines Kindes erst lange nach dessen Geburt erfährt. Dafür konnte man aber jetzt umso mehr die Geburt eines neuen Zeitalters bewusst miterleben, das mit dem französischen Wort »renaissance« (Wiedergeburt, Wiederaufleben, Wiederaufblühen) seine adäquate Bezeichnung erhielt. Angelus widmete seine Übersetzung Papst Alexander V. Sie wurde sowohl in den Humanistenkreisen als auch während der informellen Treffen des Konstanzer Konzils (1414–1418) diskutiert, wo abseits des Konzils ein Markt der Bücher und Manuskripte stattfand (I. Baumgärtner; S. Schröder 2010). Das Wissen von der Kugelgestalt der Erde war jetzt nicht mehr zu leugnen, zumal es durch die Erfindung des Buchdrucks mit beweglichen Lettern (um 1440) von Johannes Gutenberg (ca. 1397 bis 1468) noch schneller Verbreitung fand.

Ptolemaeus »Geographische Anleitung zur Anfertigung von Karten« in 8 Büchern bildete das Fundament für eine zunehmend wissenschaftlich orientierte Kartenaufnahme. Er führte die einfache Kegelprojektion ein, legte ein Gradnetz über die damals bekannte Welt nach Vorbild des Mathematikers und Geographen Marinus von Tyrus (um 100 n. Chr.) an und begann im Westen mit der Längengradzählung (Nullmeridian Ferro/Hierro, westlichste Kanareninsel), die in Ostasien bei 180° endet. Die geographischen Breiten sind zwischen 65° Nord (Nordeuropa, Nordasien) und 15° Süd (Zentralafrika) dargestellt. Die einzelnen Teilkarten von Europa, Afrika und Asien sind in Trapezprojektion abgebildet. Die erste gedruckte Ptolemaeus-Ausgabe in Vicenza 1475 enthielt keine Karten. Den Folgeausgaben ab 1477 sind Karten beigegeben. Späteren Versionen sind vermehrt moderne Karten (tabulae modernae) angefügt. Ist die in Bologna 1477 erschienene Ptolemaeus-Ausgabe bereits im Kupferstichverfahren gedruckt (Weltkarte + 25 Teilkarten), so gilt die Ulmer Ptolemaeus-Ausgabe von 1482 (Weltkarte + 26 Teilkarten + 5 tabulae modernae) als die älteste erhaltene Kartenserie in der Holzschnitt-Technik.

Mit der Wiederentdeckung und dem Bekanntwerden des ptolemäischen Weltbilds schlugen die Entdeckungswellen unaufhaltsam über den gesamten Erdball, wobei schon recht bald die ersten kartographischen Korrekturen und Ergänzungen eine immer wirklichkeitsgetreuere Abbildung der Erdoberfläche nach sich zogen und damit die ursprünglich rein ptolemäisch geprägte Weltkarte in den Schatten stellen konnten. Im Gegensatz dazu ebbte die jahrhundertelang andauernde Flut an Entdeckungen erst in jüngerer Zeit ab. So entdeckte der Schwede Sven Hedin (1865–1952) als »letzter großer Landreisender der Geschichte« (H. Beck 1971) auf seiner in den Jahren 1905 bis 1909 durchgeführten Expedition in Zentralasien das Gebirgssystem des Transhimalaja. Carl Troll (1899–1975), deutscher Forschungsreisender und »Geograph im Geist Alexander von Humboldts« (H. Beck 1982), interpretierte nach Tausenden von Flugkilometern über der kolumbianischen Pazifik- und Karibikküste im Jahre 1928 die geomorphologische Verwandtschaft zwischen Süd- und Mittelamerika. Der große Schweizer Kartograph und Reliefbauer Eduard Imhof (1895–1986) füllte 1930 die letzten weißen Flecken auf der Landkarte Chinas. Dabei berechnete er auch die Höhe des mit 7590 m (heute auf 7556 m korrigiert) höchsten Berges im eigentlichen bzw. inneren China, des Minya Konka in der Provinz Szetschuan.

Schließlich ist mit der Kenntnis und dem Vordringen in die letzten unbekannten Winkel auf der Erdoberfläche die Entdeckungsgeschichte für uns heute als ein in der Renaissance einsetzender kontinuierlicher Prozess verfolgbar.

Fassen wir zusammen: Die beiden maßgebenden Faktoren für große Entdeckungsfahrten bestanden einerseits in den technischen Neuerungen, andererseits in der Vorstellung der Erde als Kugel. So war die Saat gestreut, die durch entsprechenden seemännischen Tatendrang noch zum Keimen gebracht werden musste. Um aber endlich auf Entdeckungsfahrt gehen zu können, bedurfte es zusätzlich eines zwingenden äußeren Anlasses, welcher die langfristig angelegten und risikoreichen Unternehmungen nicht zuletzt im Hinblick auf die damit verbundenen hohen Investitionen rechtfertigen würde.

Auftakt grosser Entdeckungsfahrten

Historische und geographische Konstellation

Der Startschuss zu den großen See-Expeditionen fiel in Portugal. Warum aber gerade dort derartige Pläne geschmiedet und zur Reife gebracht worden waren bzw. werden konnten, erklärt uns ein kleiner Griff in die politische Historie der Iberischen Halbinsel, die in den Jahren 711 bis 715 von arabisch moslemischen Eindringlingen fast völlig überrannt wurde. Aber schon im selben Jahrhundert beginnen die ersten iberisch christlichen Gegenkräfte wirksam zu werden. Obgleich sich die Moslems aufgrund der kriegerischen Auseinandersetzungen mit den verschiedenen iberischen Königreichen sukzessive nach Süden haben vertreiben lassen müssen, so konnten sie sich doch im Süden der Halbinsel für einen langen Zeitraum etablieren. An einem historisch nicht exakt zu definierenden Datum zwischen den Jahren 1094 und 1097 wird dem aus der französischen Königsfamilie stammenden Ritter Heinrich von Burgund von seinem Schwiegervater, König Alfons VI. von León und Kastilien, eine Grafschaft namens Portugal als Lehen übertragen. Dabei handelte es sich um ein Gebiet, das von den Flüssen Minho im Norden und Mondego im Süden der geographischen Breite gemäß abgegrenzt war und vom Atlantischen Ozean im Westen keine 200 km nach Osten ins Landesinnere reichte. Der Name Portugal leitet sich von der am Atlantik im Mündungsbereich des Douro-Flusses gelegenen Hafenstadt Porto (Portucale) ab. Nachdem Alfons Heinrich, Sohn Heinrichs von Burgund, im Jahre 1139 bei Ourique südlich von Beja den Moslems eine empfindliche Niederlage beibringen konnte, vollzog er damit zugleich den politischen Wandel Portugals von der Grafschaft zum Königreich. Vier Jahre später wird der Titel des ersten portugiesischen Königs Alfons I. von dem Lehensherrn Kastilien-León offiziell bestätigt. Wenig später, 1147, schaffte es Alfons I. mit Unterstützung west- und mitteleuropäischer Kreuzfahrerverbände, den Moslems Santarém und Lissabon zu entreißen, wodurch sein junges Königreich weiter nach Südwesten ausgedehnt wurde. Der von Osten nach Südwesten entwässernde und bei Lissabon in den Ozean mündende Tejo bildete vorerst im portugiesischen Süden die natürliche Grenze zur islamischen Einflusssphäre. Mit der Vertreibung der Mohammedaner aus der Algarve im Jahre 1250 durch Alfons III. endet der territoriale Zuwachs für Portugals Krone auf der Iberischen Halbinsel. Die neue Grenze orientierte sich in etwa am Unterlauf des Guadiana im Osten und fand sowohl im Westen als auch im Süden an der Atlantikküste ihren Abschluss. Der damalige Grenzverlauf des portugiesischen Königreichs spiegelt sich noch heute auf der Iberischen Halbinsel in der portugiesischen Republik wider. Zugleich schloss Portugal als erstes iberisches Königreich die Wiedereroberung ehemaliger christlicher Gebiete ab, die seit Anfang des achten Jahrhunderts von arabischen und arabisierten Moslems beansprucht wurden. Zug um Zug erkämpften sich Portugals Nachbarreiche im Osten wertvollen Boden gegenüber dem Islam, sodass dessen Terrain immer weiter nach Süden zurückgedrängt wurde, ohne jedoch die Iberische Halbinsel schon ganz verlassen zu müssen. Bis auf ein von Kastilien umschlossenes Restreich in Andalusien war die islamische Macht, die durch das nasridische Königreich in Granada repräsentiert wurde, auf iberischem Boden zusammengeschrumpft. Dieser Schrumpfungsprozess stagnierte dann seit der Mitte des 13. Jahrhunderts für nahezu zweieinhalb Jahrhunderte. Damit war in der Geschichte der Rückeroberung früherer christlicher Gebiete, deren Vorgang als Reconquista bezeichnet wird, ein wichtiges Etappenziel erreicht worden. Nachdem sich die Portugiesen Ende des 14. Jahrhunderts gegenüber ihrem Nachbarn Kastilien durchzusetzen vermögen, können sie ihre Kräfte auf neue politische Dimensionen verlagern.

Auftakt grosser Entdeckungsfahrten

Heinrich der Seefahrer und Portugals Blick nach Osten

Die portugiesische Eroberung des moslemischen Stützpunktes Ceuta auf der afrikanischen Seite der Straße von Gibraltar erfolgte ganz im Sinne des Kreuzrittertums. Anstelle eines protzigen Turnierspiels war es den drei heranwachsenden Söhnen des portugiesischen Königs Johann I. ganz nach ihrem Geschmack vergönnt, sich bei der Inbesitznahme Ceutas im Jahre 1415 im Kampf gegen Moslems ihren Ritterschlag ehrenvoller zu verdienen (J. Ure 1979). Der Islam war zu jenem Zeitpunkt zwar noch im südlichsten Teil der Iberischen Halbinsel präsent, doch Portugal, das ja schon seit der Mitte des 13. Jahrhunderts seine Reconquista gegen die Mohammedaner vollzogen hatte, überließ es Kastilien, die eigene Reconquista zu vollenden. Als jüngster der drei nunmehr zum Ritter erkorenen Brüder hatte Prinz Heinrich auf eine eventuelle Thronnachfolge die geringsten Aussichten. Heinrich wollte aber mehr sein, als es ihm der Herzogtitel von Viseu einbringen konnte. Seine späteren Handlungsweisen waren nach der Einnahme Ceutas nicht mehr nur allein vom christlichen Kreuzfahrergeist bestimmt. Heinrich erfuhr von der Bedeutung Ceutas als Handelsumschlagplatz zwischen dem Orient und dem inneren Afrika. Nach der portugiesischen Besetzung versiegten aber die Handelsströme, von denen Portugal wohl gerne profitiert hätte, befand sich das Königreich doch nicht gerade in einer wirtschaftlichen Glanzzeit. Edelmetallmangel und daraus resultierende lebensnotwendige Getreideimportverluste veranlassten im Zusammenwirken mit kreuzritterlichem Missionierungseifer, der durch eine für möglich gehaltene herzustellende Verbindung zu irgendwo in Afrika oder Indien existierenden Christen noch gestärkt wurde, die Suche nach einer Strategie, welche die Position des Islam im Mittelmeergebiet schwächen sollte. Die aufzuspürenden afrikanischen oder indischen Christen in dem legendären Land eines gewissen Erzpriesters Johannes stellte man sich dabei als idealen Bündnispartner zur Bekämpfung des islamischen Einflusses vor. Als sich Prinz Heinrich auf die Halbinsel Sagres in den äußersten Südwesten Portugals und Europas zurückzog, begann vom dortigen Kap St. Vincent bald die systematische Erkundung längs der westafrikanischen Atlantikküste. Da Heinrich von nun an Schiff für Schiff aussandte, selbst aber nie an einer solchen Expedition teilgenommen haben soll, hat er dennoch mit dem ihm zu historischem Ruhm verholfenen Beinamen »Seefahrer« eine treffende Charakterisierung erhalten, weil er nämlich als Ideenspender und aufgrund seines finanziellen und organisatorischen Talents zugleich als Realisator auftrat. 1416 erreichte man im Auftrag Heinrichs das an der westmarokkanischen Küste bei 30° nördlicher Breite hervorstehende Kap Não. Aber bevor sich die Schiffe des Prinzen weiter vorsichtig von Kap zu Kap in südlichere Gefilde entlang der afrikanischen Küste tasteten, wurde zunächst die 1420 südwestlich von Portugal entdeckte Atlantikinsel Madeira für siedlungsfähig befunden und seit 1425 kolonisiert. Wenig später, wahrscheinlich 1432 (J. Ure 1979), wird die weit westlich Portugals gelegene Gruppe der Azoreninseln entdeckt und daraufhin ebenfalls kolonisiert. Mit der Kolonisierung und der Kultivierung dieser Inseln versetzte Heinrich seinen ehrgeizigen Plänen eine wirtschaftliche Konjunkturspritze, die wie ein Katalysator die folgenden Unternehmungen beschleunigend vorantreiben konnte.

Das Jahr 1434 erbrachte für den portugiesischen Prinzen einen langersehnten Erfolg. Seit 1424 musste Heinrich zumindest 15 Versuche starten, um zu diesem überaus wichtigen Teilziel zu gelangen. Ein von den Seeleuten dermaßen gefürchtetes Kap drohte die Entdeckungsenergie zu lähmen. Bojador hieß die psychologische Schranke, die nun endlich durchbrochen worden war. Gil Eanes war der Name des Kapitäns, dem es nach unnachgiebigem Drängen seines Auftraggebers glückte, das Kap Bojador zu umsegeln, dessen geographische Lage sich schon ein wenig unterhalb der Kanarischen Inseln auszeichnet. Den Mut, den Eanes aufbringen musste, als er im weiten Bogen das so sehr gefürchtete Kap umging und dahinter an der Küste unbeschadet landete, wäre ohne Heinrichs zähes Ringen um die Verwirklichung seiner hochgesteckten Ziele wohl kaum zustande gekommen. Denn noch so tüchtige Seeleute hielten es bis dato für schier unmöglich, Kap Bojador heil zu passieren. So befürchtete man, dass mit zunehmender südlicher Hitzestrahlung der Sonne das Meer gerinnen könnte, sodass die Schiffe festkleben würden. Ein Magnetberg könnte gar die ein Schiff zusammenhaltenden Eisenteile an sich ziehen und es somit zum Auseinanderbrechen bringen. Wie die Sirenen in einer antiken Sage durch ihren betörenden Gesang die Seefahrer ins Verderben führten, sollten hier Berge ahnungslose Menschen an sich ziehen und für ewig festsitzen lassen. Jene Mythen erhielten noch zusätzliche Nahrung, indem tatsächlich einige wagemutige Seefahrer nicht mehr von jener sagenumwobenen Gegend zurückgekehrt waren.

Untiefen an der Küste stellten für die Schifffahrt dagegen tatsächlich Gefahren dar. Um in einem riesigen Bogen um das Kap zu segeln, fehlte der Mut, weil man sich vor einem endgültigen Wegdriften von der Küste in den unheimlich anmutenden Ozean ängstigte. Zudem steigerten jenseits des Kaps angenommene Monstergeschöpfe die Furcht vor einem derartigen Wagnis. Mit der Umschiffung des Kap Bojador durch Gil Eanes nun konnte keine auch noch so stark geartete psychologische Barriere die nun folgenden Kapsprünge an Afrikas Küsten verzögern. 1441 erreichen Nuno Tristão und Antão Gonçalves das bereits im Süden des nördlichen Wendekreises befindliche Kap Blanco. 1444 dringt Dinis Dias bis zum südlich der Senegalmündung gelegenen Kap Verde vor, dem westlichsten Punkt des afrikanischen Festlands. 1456 entdeckt der im Auftrag Heinrichs fahrende Venezianer Alvise da Cadamosto, zusammen mit dem Genuesen Antoniotto Usodimare, die östlichen Inseln der Kapverdengruppe.

Am 13. November 1460 starb Prinz Heinrich. Seine Idee aber währte fort. So erlebte Heinrich zwar nicht mehr die Neuigkeiten von der Entdeckungsfahrt des Pedro de Sintra bis hin zur Pfefferküste im heutigen Liberia, doch steht de Sintras Expedition noch ganz im Zeichen von Heinrichs Anleitung, sodass de Sintra noch etwa zwei Jahre nach dem Tod des Prinzen dessen letztes Plansoll erfüllte. Jenseits des Kap Verde schlug der Schifffahrtskurs von Südwesten nach Südosten um. Nun stieß man schon in den äquatorialen Bereich hinein. Auch wenn Prinz Heinrich in praxi nie an den afrikanischen Erkundungsfahrten teilgenommen haben soll, avancierte er dennoch zu einem großen Entdecker, denn sein Geist war auf sämtlichen von ihm ausgesandten Schiffen bzw. Flotten in der Gestalt eines unsichtbaren Kapitäns stets präsent. Nach dem Tod Prinz Heinrichs des Seefahrers vererbte sich dessen ehrgeiziger Entdeckungsdrang auf andere portugiesische Köpfe.

Der portugiesische König Alfons V., ein Neffe Heinrichs des Seefahrers, hatte infolge von auftretenden Schwierigkeiten in Nordwestafrika und danach infolge des kastilischen

Erbfolgekriegs nicht die nötige Zeit, sich den weiteren Seefahrtunternehmungen persönlich zu widmen. So fand der König in dem Lissaboner Privatmann Fernão Gomes einen geeigneten Partner, der im Sinne Heinrichs die portugiesischen Afrikafahrten vorantreiben sollte. 1469 schloss Gomes mit der Krone einen Pachtvertrag für fünf Jahre ab, der 1473 für ein weiteres Jahr verlängert wurde. Die Pacht bezog sich auf den bereits florierenden Handel zwischen Portugal und den bis dahin erreichten westafrikanischen Küsten jenseits Kap Verdes. Aber Gomes hatte nicht allein Handel zu treiben, sondern er musste sich dem königlichen Patentbrief gemäß verpflichten, pro Jahr 100 Leguas (= 555,6 km; span. legua maritima = 5,556 km) bislang unbekannten Küstenverlaufs zu erkunden. Handel und Entdeckung gingen Hand in Hand.

Unter der Organisation des Geschäftsmanns Gomes erfuhren die Portugiesen während der sechsjährigen Zeitspanne von 1469 bis 1475 bedeutende Vorstöße entlang der afrikanischen Küstengewässer. Dabei wurde der gesamte Küstenabschnitt des Golfs von Guinea befahren. Die in diesem Golf befindlichen Inseln waren ebenfalls aufgefunden worden. Als Pêro de Escobar und João de Santarém 1470 den durch die Küstenlinie jetzt geradewegs nach Osten wechselnden Kurs verfolgten, stießen sie hinter dem Kap der drei Spitzen im Bereich des heutigen Ghana auf die profitable Geschäfte versprechende Goldküste. Mit dem östlichen Schifffahrtskurs erhoffte man sich schon bald den Vollzug der Umschiffung des afrikanischen Kontinents, worauf das Fernziel Indien hätte erreicht werden können. Mit einem fast abrupt einsetzenden Kurswechsel um 90° von östlicher in südlicher Richtung war jener Hoffnung vorerst ein naturgeographischer Riegel vorgeschoben, denn mit der Kurskorrektur verließ man nicht etwa die Südküste Afrikas, sondern diejenige Westafrikas mit den Ländern

Oberguineas, und musste sich weiter an der Westküste Südafrikas mit den Ländern Niederguineas orientieren. Lopo Gonçalves und Ruy de Sequeira überwanden zur Zeit des königlichen Pächters Gomes die Äquatorlinie. Südlich des Kap Lopo Gonçalves (Kap Lopez) gelangte Ruy de Sequeira 1472 zum Kap Santa Catarina. Damit waren die beiden ersten Kaps auf der Südhalbkugel im Rahmen des portugiesischen Kapspringens angesteuert. 1475 endet die Ära des Fernão Gomes. Er war zu mächtig geworden, und so wurde der Pachtvertrag vom König nicht mehr verlängert. Bereits ein Jahr zuvor hatte sich König Alfons V. bei dem in Florenz lebenden italienischen Mathematiker, Astronomen und Geographen bzw. Kosmographen Paolo dal Pozzo Toscanelli über den kürzesten Seeweg nach Indien informieren lassen. Das christliche Abendland war ja zu jener Zeit durch die ptolemäische Geographie schon längst von der Kugelgestalt der Erde in Kenntnis gesetzt worden. Da aber 1474 noch keine gedruckte Ausgabe vorlag und die wenigen in handschriftlicher Form existierenden, ins Lateinische übertragenen Exemplare nur einem auserwählten Gelehrtenkreis unmittelbar zur Verfügung standen, musste man sich schon an einen solchen Ptolemaeuskenner wenden, wollte man konkretere Angaben aus jenem antiken geographischen Fundus schöpfen. In Toscanelli fand der portugiesische König einen Gelehrten, dem diese antike Quelle wohlvertraut war und der sie sogar selbst mit Kenntnissen anreicherte, die der im zweiten Jahrhundert wirkende Alexandriner überhaupt nicht berücksichtigen konnte. Gemeint sind hier der Reisebericht Marco Polos, welcher etwa im letzten Viertel des 13. Jahrhunderts detailreich über China berichtete und als der »der größte Reisende des europäischen Mittelalters« (H. Beck 1971) gelten darf, sowie die nicht mehr vollständig erhaltene Reiseschilderung des wie Marco Polo aus Venedig stammenden Niccolò dei Conti, der in der ersten Hälfte des 15. Jahrhunderts 25 Jahre für seine Reisen durch Asien beanspruchte. Von Ptolemaeus gezeichnete Karten sind uns nicht bekannt. Dafür sind seine Anleitungen zum Kartenzeichnen umso aufschlussreicher, woraus sich schließlich die Vorstellung von der Erde als Kugel ableitete. Nach der lateinischen Übersetzung des ptolemäischen Textes durch Jacobus Angelus im Jahre 1406 konnte auch bald die kartographische Umsetzung erfolgen. So gelang es Francesco di Lapacino und Domenico di Boninsegni im Jahre 1415, erstmals dem Abendland neben einem handschriftlichen Exemplar den dazugehörigen Satz von 27 Karten zu übermitteln. Noch nach Bekanntwerden der Buchdruckkunst Mitte des 15. Jahrhunderts erschienen handgeschriebene Exemplare. Mit dem kompletten Kartensatz erscheint 1478 in Rom die erste vollwertige gedruckte Ptolemaeus-Ausgabe mit 27 Kupferstichkarten. Paolo Toscanelli fertigte für den portugiesischen König eigens eine Karte an, die in einer Synthese das Erdbild des Ptolemaeus mit neu hinzugewonnenen Erkenntnissen verband und die Möglichkeit einer sich nach Westen orientierenden Seefahrt, mit dem Ziel Indien, einräumte. Dabei unterschätzt der florentinische Geograph die wahre Ausdehnung des Erdumfangs in erheblichem Maße, denn nach seinen Berechnungen betrug die Entfernung von Westeuropa bis hin zum östlichsten Asien (West-Ost-Distanz) ungefähr 230° Länge, was in realiter einer Erstreckung über den asiatischen Erdteil hinaus bis etwa zum Nordwesten Kanadas bedeuten würde. Dagegen gibt er die Entfernung in umgekehrter Richtung, von Westeuropa über den Atlantik nach China (Ost-West-Distanz), bloß mit 130° Länge an, was naturgemäß wiederum einer Erstreckung bis in den nordwestlichen Bereich Kanadas gleichkäme, etwa bei 140° westlich von Greenwich, wo auch der Mount Logan anzutreffen ist.

Toscanelli unterschätzte die wahre Ausdehnung des Erdumfangs einerseits durch übertrieben interpretierte Angaben aus Polos und Contis Berichten, andererseits durch eine viel zu gering eingeschätzte Distanz zwischen Europa und Asien in westlicher Richtung. Die geographische Lage Chinas (Cathay) und Japans (Zipangu) war mehr als 100 Längengrade zu weit nach Osten verschoben. Nach der falschen Vorstellung von Asiens Größe blieb Toscanelli, als Anhänger der Theorie, dass die Erde eine Kugelgestalt aufweise, konsequenterweise nichts anderes übrig, als die restlich verbliebenen Längengrade für die Abgrenzung des Atlantiks zu veranschlagen. Hinzu kommt natürlich noch die damalige Unkenntnis von einem zwischen Europa und Asien vorhandenen vierten Erdteil (Amerika) sowie die eines dritten existierenden Ozeans (Pazifik).

Obwohl Toscanelli sich in seinen Berechnungen irrte bzw. irren musste, konnte doch niemand ohne Weiteres seinen Ausführungen widersprechen. Toscanellis Vision von einer westwärts gerichteten Seefahrt nach Indien sprühte bald wie ein Funke auf einen jüngeren Italiener über, dem eine Verwirklichung der Idee einer Westfahrt keine ruhige Minute mehr ließ. Geostrategische Neugier war es gewesen, welche Portugal anstelle des direkten, über das Meer führenden Indienwegs nach einer Alternative suchen ließ, saßen doch seit 1453 die osmanischen Türken in Konstantinopel, das bis dahin noch als christlicher Vorposten im Nahen Osten galt und nun als Handelsstützpunkt für das christliche Europa ausgeschaltet war. Die islamische Sperre im östlichen mediterranen Raum überließ Türken und Arabern die Kontrolle über die für abendländische Christen ersehnten Warenströme aus dem ferneren Asien.

Nun, der Vorschlag Toscanellis musste Alfons V. plausibel genug erscheinen, um ein derartiges Unternehmen starten zu lassen. Mit größter Wahrscheinlichkeit hinderte der für Portugal verlustreiche Krieg um das Erbe Kastiliens in den

Jahren 1475 bis 1479 die Inangriffnahme einer Westfahrt. Im Friedensvertrag von Alcáçovas (1479) wurde zwischen den beiden Kontrahenten Portugal und Spanien die Vereinbarung getroffen, dass alle gegenwärtigen und zukünftigen Entdeckungen südlich des einst gefürchteten Kap Bojador der portugiesischen Krone zugerechnet würden. Spanien bekam die vor dem Kap im Nordwesten liegenden Kanarischen Inseln zugesprochen. Auch die Kirche erteilte diesem Abkommen in der päpstlichen Bulle »Aeterni regis« von 1481 ihren Segen.

Die Thronbesteigung Johanns II., Sohn Alfons' V., im Jahre 1481 bedeutet ein hartnäckiges Festhalten an den afrikanischen Erkundungsfahrten, die schließlich zielstrebig zum Erfolg führen. Mit ihm erhalten die portugiesischen Kapsprünge an Afrikas Küsten ihre von Heinrich dem Seefahrer implantierte Dynamik wieder. Auf Befehl des neuen Königs verließ Ende 1481 eine Flotte unter der Führung von Diogo de Azambuja Portugal, um an der Goldküste einen militärischen Stützpunkt anzulegen. So entstand 1482 jenseits des »Kaps der drei Spitzen« in der noch zu Zeiten Gomes' gegründeten Niederlassung El Mina ein Fort namens São Jorge da Mina. Jetzt war der für die Portugiesen ergiebige Handel geschützt, und gleichzeitig hatte man eine für die sich immer weiter nach Süden orientierenden Schiffsexpeditionen bedeutsame Nachschubbasis geschaffen. Erster Nutznießer des soeben errichteten Stützpunkts war Diogo Cão, der von El Mina weiter über die Äquatorlinie hinaus bis zur Kongomündung vorstieß, wo er 1483 erstmals einen steinernen Wappenpfeiler (padrão) aufstellte, der den portugiesischen Besitz symbolisch dokumentieren sollte. Zuvor waren lediglich Holzkreuze als Markierung benutzt worden. Cão erkundete im Anschluss daran die Küste vom sechsten südlichen Breitengrad der Kongomündung bis zum Kap Santa Maria im Süden der niederguineischen

Küste. Nach der Rückkehr in Lissabon rüstete Cão zu seiner zweiten Expedition und gelangte diesmal, über Niederguinea hinaus, zum Kap Negro und traf am Kap Cross 1486 nördlich des heutigen Swakopmund beinahe auf den südlichen Wendekreis. Etwa 2500 km neuen Küstenabschnitts erschloss Cão auf seinen beiden Unternehmungen, was, an der reinen Kilometerleistung gemessen, einen jeden der vorherigen Kapfahrer in den Schatten stellte. Und trotzdem wurde der Erfolg von der portugiesischen Krone vermutlich nicht gebührend gewürdigt, da man voller Ungeduld die Umschiffung des afrikanischen Kontinents herbeisehnte. Aus diesem Grund wohl wird Cão nach seiner vollbrachten Leistung mit keiner Silbe mehr in zeitgenössischen Dokumenten erwähnt (M. Meyn 1984). Zumindest ist uns heute keine derartige Quelle bekannt.

In den Jahren 1486/87 wurden daraufhin von König Johann II. zwei weitere Unternehmungen gestartet: Von der einen, in einer völlig neu konzipierten Route von Portugal nach Osten durch islamisches Gebiet führend, erhoffte man sich die Entdeckung des noch immer im Denken verhafteten sagenhaften christlichen Reiches des Erzpriesters Johannes sowie das Ausspähen eines arabischen Gewürzhandelsnetzes mit Indien. Die andere, unter Führung des Bartolomeu Dias, sollte Afrikas Südspitze ausfindig machen. Erstere wurde Pêro da Covilhã und seinem Gefährten Afonso de Paiva anvertraut. Als Kaufleute getarnt, erreichten sie gemeinsam Aden im Süden der arabischen Halbinsel, wo sich ihre Wege trennten. Während Paiva von hier aus seine Suche nach dem legendären Johannes fortsetzte, wagte sich Covilhã mit einem arabischen Schiff bis zur Malabarküste im Südwesten des indischen Subkontinents vor, wo er in Kalikut (Kozhikode in Indien) ins Herz des arabischen Gewürzhandels stieß. Sein weiterer Weg führte ihn sogar auf die Südhalbkugel nach Sofala im heutigen Moçambique südlich der Sambesimündung. Das geplante Treffen jedoch mit Paiva in Kairo konnte nicht mehr zustande kommen, da dieser vor Covilhãs Ankunft dort verstorben war.

In Ägypten bekam Covilhã den Befehl seines Königs übermittelt, sich nach Äthiopien zu begeben, um nach jüngsten Informationen der portugiesischen Krone Kontakt mit dem dortigen Herrscher herzustellen, in dem man den Erzpriester Johannes sah. Dass Covilhã bis zu seinem Lebensende Äthiopien nicht mehr verlassen würde, konnte er nach seinem ersten Zusammentreffen mit dem äthiopischen Herrscher kaum ahnen, denn bevor König Alexander den Portugiesen in dessen Heimat entlassen konnte, starb er. Mit dem Tod des Königs nahm Covilhãs lange Reise ihr vorzeitiges Ende, ohne je zum Abschluss gebracht zu werden, denn der Bruder und Nachfolger Alexanders, König Nahum, verbat Covilhã die Ausreise.

Nachdem der sprachbegabte Portugiese Verwaltungsfunktionen am königlichen Hof erhalten hatte, sah sich der spätere Sohn und Nachfolger Nahums, König David, wohl erst recht veranlasst, Covilhãs Heimkehrwunsch abzuweisen. Etwa drei Jahrzehnte hatte der einstige Kundschafter Johanns II. in jenem afrikanischen Königreich zugebracht, als im Jahre 1520 ein Priester namens Francisco Álvares, der Mitreisender einer portugiesischen Abordnung am äthiopischen Hof war, in ihm den vermissten Landsmann erkannte. Der inzwischen alte Mann erzählte Álvares seine indischen und afrikanischen Erlebnisse.

Seit den Reisen Covilhãs wurden die Hoffnungen, den idealen christlichen Bündnispartner gegen den Islam zu finden, von den Portugiesen begraben. Covilhã war die Umschiffbarkeit Afrikas aufgefallen. Aber was war aus der letztgenannten, von Johann II. abkommandierten Unternehmung geworden, Afrikas Süden auf östlichem Kurs zu umfahren? Die Expedition des Bartolomeu Dias verhalf den portugiesischen Traum von Indien entscheidend in die Tat umzusetzen. Seine Flotte überwand den südlichen Wendekreis. Schien Dias 1488, nach einer bei ca. 34° südlicher Breite im Unwetter gelungenen Umseglung (des danach benannten »Kaps der Stürme«) als erstem portugiesischen Kapitän nichts mehr vom lang erwarteten östlichen Kurs abzubringen, so waren es in der Folge weniger die natürlichen Launen der Küsten, sondern vielmehr die Launen der Menschen, die eine frühzeitige Umkehr erzwangen. Dias war es nur noch möglich, die Südküste weiter ostwärts bis zur Mündung des Großen Fisch-Flusses im Nordosten des heutigen Port Alfred zu verfolgen, wo die südafrikanische Küste schon einen dauerhafteren nordöstlichen Kurs andeutet. Während Dias die Fahrt fortzusetzen wünschte, begnügten sich seine Offiziere samt der Mannschaft mit dem bisher Erreichten. Ob das »Kap der Stürme« von Dias selbst oder nach dessen Rückkehr in Lissabon von Johann II. in »Kap der Guten Hoffnung« umbenannt wurde, ist nicht eindeutig zu beantworten (M. Meyn 1984).

Bartolomeu Dias stieß für Portugal das Tor zum Indischen Ozean auf. Seinen eingeschlagenen und unfreiwillig abgebrochenen Kurs brachte dann der unter königlichem Befehl Manuels I. fahrende Vasco da Gama 1498 zur Vollendung. Nach Umschiffung des »Kaps der Guten Hoffnung« erkundete da Gama jenseits des Großen Fisch-Flusses die südost- und ostafrikanische Küste bis Malindi im heutigen Kenya, von wo aus er zum letzten entscheidenden Sprung ansetzte. Mit Hilfe eines arabischen Lotsen wurde der Äquator passiert und die indische Malabarküste angelaufen. Damit war die östliche Seeroute nach Indien bezwungen. Mit der Bezeichnung »Gute Hoffnung« für das im Südwesten Afrikas vorspringende Kap war für Portugal ein Traum zur

Gewissheit geworden. Das hartnäckige Festhalten Johanns II. an die östlich eingeschlagene Indienroute wurde posthum belohnt. Dias erhielt unter Manuel I. die Gelegenheit, als Kapitän der Flotte des Pedro Álvares Cabral im Jahre 1500 an dessen Indienfahrt teilzunehmen. Aber auch diesmal sollte es Dias nicht vergönnt sein, indisches Gewässer zu erreichen. Irgendwo im größeren Umkreis des »Kaps der Guten Hoffnung« war Dias mit seinem Schiff den Launen der Natur zum Opfer gefallen: Seine Hoffnung, Indien zu sehen, wurde sprichwörtlich in der Nähe des gleichnamigen Kaps begraben.

Bevor Vasco da Gama im Auftrag des portugiesischen Königs, Manuel I., 1498 erstmals Indien erreichte, war es dem iberischen Nachbarn Spanien mit der Zerschlagung des nasridischen Königreichs von Granada geglückt, seine eigene Reconquista zu schließen und seine jetzt frei werdenden Kräfte ebenfalls für große Entdeckungsfahrten einzusetzen. Mit der Kapitulation Granadas am 2. Januar 1492 endete nach fast 800 Jahren die unmittelbare Anwesenheit islamischer Herrscher auf der Iberischen Halbinsel, welche den Christen ein beachtliches Erbe im kulturellen und wirtschaftlichen Leben hinterließ.

Auf nach Indien – Spaniens Weg nach Westen

und die folgenreiche Entdeckertat des Christoph Columbus

Susanna Fontanarossa gebar irgendwann zwischen dem 25. August und 31. Oktober 1451 in Genua, einer der mächtigen italienischen Stadtrepubliken, ihren Sohn Christoph. Der Vater, ein Wollweber namens Domenico Columbus, siedelte 1470 von Genua mit seiner Familie ins unweit westlich gelegene Savona an der Riviera di Ponente über, wo er als zusätzliche Einkommensquelle eine Weinschenke betrieb. Hier, am Golf von Genua, erhielt der junge Christoph die ersten Eindrücke von der Küstenschifffahrt. Aufgrund verschiedener Mittelmeerfahrten erwarb er sich weitere seemännische Kenntnisse, die er schon wenig später ausbauen konnte. 1476 sollte Christoph Columbus im Dienst des in Genua ansässigen Handelshauses Centurione nach England fahren. Auf dieser Fahrt hat Columbus wohl zum ersten Mal die Straße von Gibraltar passiert und atlantisches Gewässer erreicht. Aber seine erste Atlantikfahrt wurde noch an der Südküste Portugals in der Nähe von Lagos durch angreifende Piraten jäh unterbrochen. Dabei konnte sich Columbus schwimmend ans Ufer retten. 1477 unternahm er geschäftlich eine diesmal erfolgreichere Seefahrt nach England.

1479 verließ Columbus endgültig seine ligurische Heimat am Golf von Genua, von wo aus seine Schiffsunternehmungen einen immer größeren Radius einnahmen. Die Indienstnahme durch die Genueser Geschäftswelt dehnte jenen Radius gar über die Gestade des mediterranen Raums in ozeanisches Gewässer aus. Schließlich hatte er die genuesischen Bank- und Handelshäuser Centurione und di Negro in Lissabon zu vertreten.

Um 1479 heiratete Columbus Felipa Moniz, eine Tochter des 1458 verstorbenen Statthalters von Porto Santo, einer Insel der Madeira-Gruppe. Sein Schwiegervater Bartolomeo Perestrello stammte aus Piacenza am Fluss Po und erlebte als italienischer Seefahrer und Kapitän die ersten Pioniertaten Portugals unter Prinz Heinrich dem Seefahrer mit. Der jungen Ehe wurde um 1481 ein Sohn geboren, der seine Mutter nicht richtig kennenlernen konnte, da sie schon kurze Zeit später starb.

War vielleicht dieser Schicksalsschlag ausschlaggebend für den bald einsetzenden Wandel des Christoph Columbus vom Kaufmannsfahrer zum Entdeckungsreisenden? Oder beschäftigte Columbus schon vor der Geburt seines Sohnes Diego die Idee, auf einer westlichen Seeroute von Europa nach Asien zu gelangen? Von welchem Datum an die Verfolgung dieses revolutionären Gedankens Columbus nicht mehr losließ, können wir nicht exakt bestimmen. Auf Veranlassung des Christoph Columbus begab sich dessen Bruder Bartolomeo im Jahre 1480 nach Lissabon, wo er als Kartograph eine Landkartenanstalt leitete. Jedenfalls dürfte Christoph Columbus kurz vor oder spätestens nach seiner Beteiligung an einer oder mehreren portugiesischen Guineafahrten zwischen 1481 und 1484 (D. Henze 2011), durch eine Bereicherung an wertvollen praktischen nautischen Erfahrungen gestärkt, bei einer Autorität um mehr Gewissheit für seine Inspiration der Atlantiküberquerung nachgesucht haben. Die Autorität hieß Paolo Toscanelli. Der um 1480 oder 1481 an den im hohen Alter befindlichen italienischen Geographen bzw. Kosmographen gerichtete Brief des Columbus ging zwar verloren, dafür sind zwei Antwortschreiben Toscanellis an Columbus zwischen 1480 und 1482 bekannt (E. Schmitt 1984). In der ersten Antwort erhält Columbus die seinerzeit für den portugiesischen König Alfons V. angefertigte Karte in kopierter Form sowie die Abschrift des dazugehörigen Briefs aus dem Jahre 1474 (vgl. oben). In einem zweiten Brief an Columbus wird spürbar, wie sehr sich Toscanelli die praktische Umsetzung des Plans von der Westfahrt wünscht. Hatte Toscanellis Hoffnungen von 1474 niemand am portugiesischen Hof ernsthaft in die Tat umgesetzt, so dürfte sich bei Columbus spätestens nach dem zweiten Antwortschreiben ein innerer Drang entwickelt haben, mit dessen Energie es ihm immer und immer wieder gelingen sollte, bei noch so großen Rückschlägen nicht aufzugeben, sodass mit dem Tod Toscanellis im Mai des Jahres 1482 keineswegs die Vision von der Westfahrt gestorben war.

Zur allgemeinen Vorbereitung zog Columbus unter anderem das Werk »Imago mundi« des französischen Kardinals Pierre d'Ailly (oder lat.: Petrus Alliacus) und den Reisebericht des Marco Polo, ebenfalls in lateinischer Sprache, heran. Durch das Werk des Kardinals wurde er in besonderem Maße angeregt, da es sich um eine aus der Theologie geprägte Weltbeschreibung handelt, welche den zutiefst religiösen Columbus dahingehend beeinflusste, dass er nicht allein wegen neuer Entdeckungen und verlockender Reichtümer an seinem Plan festhielt, sondern es als seine christliche Pflicht ansah, das Evangelium über den gesamten Erdball zu verkünden. Die bei Columbus seit seiner ersten Atlantiküberquerung zu beobachtende Unterschrift in Form eines Christusmonogramms bestätigt jene von religiösem Eifer besessene Haltung. Bei Ernst Gerhard Jacob [1956] finden wir folgende Interpretation jener Buchstabenpyramide:

Abbildung der Unterschrift des Columbus (in: Die Ankunft der Weißen Götter, S. 44)

In der letzten Zeile tritt, in Anlehnung an den christlichen Märtyrer und Columbus' Namenspatron Christophorus, der Missionseifer deutlich hervor, indem sich Columbus symbolhaft als Christusträger verstanden lassen will, der den Völkern am Ende des Ozeans die Lehre Christi verkündet.

Um das Jahr 1484 bietet Columbus sich und seinen Plan erstmals offiziell dem portugiesischen König Johann II. an, in der Hoffnung, dass dieser ihn bei der Realisierung des revolutionären Vorhabens, den Ozean von Europa in westlicher Richtung mit dem Ziel Zipangu (Japan) zu überqueren, unterstützen werde. Denn von Zipangu hörte und berichtete bereits Marco Polo. Wenn man also Japan erreicht hätte, müsste der Weg nach Indien auch nicht mehr weit sein. So mag Columbus dem König seinen Plan schmackhaft gemacht haben, suchte dieser doch den günstigsten Weg nach Indien. Doch Johann II. hielt nach der Überprüfung durch Experten an seinem eigenen Plan hartnäckig fest, Indien auf dem östlichen Weg um Afrika herum zu erreichen (vgl. oben). Zwei Gründe sprachen dafür. Der eine davon war politischer Art. Im Vertrag von Alcáçovas (1479) zwischen Portugal und Spanien waren den Portugiesen alle zu entdeckenden Gebiete jenseits des Kap Bojador bis Indien zugesprochen worden. Der andere Grund, der für eine Ablehnung sprach, war geographischer Art, denn die Experten des Königs trauten Columbus' Angaben nicht, der, ganz im Sinne Toscanellis, Asiens Ausdehnung nach Osten überschätzte, was eine Verkürzung eines westwärtigen Seeweges nach Asien bedeutet hätte. Es war wohl logisch, dass sich Columbus zuerst an Portugal wandte. Schließlich waren ihm hier im Dienst der Krone die letzten Unterweisungen in der Hochseeschifffahrt zuteilgeworden, die dank der portugiesischen Afrikafahrten bereits auf einen reichen Erfahrungsschatz verweisen konnten. Und da war ja auch noch sein Bruder in Lissabon, der später noch als Sonderbotschafter für Christoph Columbus fungieren sollte.

Wendete sich der Italiener Columbus mit seinem Wunsch an sein Vaterland? Nein. Italien verkörperte zu jener Zeit keine einheitliche Nation und besaß kein starkes Interesse, um einen derartigen risikoreichen Plan auch finanziell zu unterstützen. Die italienischen Handelshäuser hielten eine östliche Verbindung mit Indien für effizienter.

Nach der portugiesischen Absage versuchte Columbus bei der spanischen Krone sein Glück. 1485 überließ er im Kloster La Rábida bei Palos seinen Sohn Diego der Obhut der Franziskaner. 1486 begab sich Columbus zur königlichen Residenzstadt Córdoba, wo er auch Beatriz Enríquez de Harana kennenlernte, die zwar 1488 die Mutter seines zweiten Sohns Ferdinand wurde, nicht aber seine Ehefrau. Im Sommer 1486 erhält Columbus erstmals die Gelegenheit, sein Anliegen dem spanischen Königspaar direkt vorzutragen. Der Beichtvater der Königin Isabella, Hernando de Talavera, wurde zum Vorsitzenden einer Kommission bestellt, welche das Westfahrtprojekt einer gutachterlichen Stellungnahme zu unterziehen hatte. Mit dem königlichen Hof zog auch der sogenannte Talavera-Ausschuss nach Salamanca. Aber man kam zu keinem endgültigen Urteil.

Nachdem Columbus von Juni 1488 an seitens der spanischen Krone nicht mit finanziellen Mitteln für seinen Lebensunterhalt rechnen konnte, zog es ihn wieder zurück nach Portugal, wo er einer königlichen Einladung Folge leistete. Doch welch ein ungünstiger Zeitpunkt! Bartolomeu Dias war es nämlich in der Zwischenzeit gelungen, Afrikas Südspitze zu umsegeln. Dias' Triumph nach dessen

Rückkehr Anfang Dezember 1488 bedeutete gleichzeitig für Columbus die zweite portugiesische Absage, schien doch sein Plan als Alternative für das Auffinden Indiens jetzt eindeutig in den Schatten gestellt.

Und wieder einmal wechselte Columbus die Fronten. Mit diesem Wechsel variierte er zugleich seine Taktik, um die Westfahrt nun endlich an den Mann bzw. an den König zu bringen. Er selbst fand sich wieder in Spanien ein, wo der Talavera-Ausschuss noch nicht schlüssig war. Seinen Bruder schickte er, nachdem dieser in Lissabon seine Landkartenanstalt aufgelöst hatte, nach England. Auch beim englischen König Heinrich VII. fand der Vorschlag der Westfahrt keinen Anklang. 1490 konnte Bartolomeo mit seinem Werben um das progressive Projekt auch beim französischen König Karl VIII. auf keine Gegenliebe stoßen. Als dann der Talavera-Ausschuss Ende 1490 seine Arbeit mit dem Ergebnis beendete, der Plan des Columbus stehe auf einer zu schwachen Basis, war fast alles gegen Columbus entschieden. Doch die Königin Isabella munterte Columbus auf, indem sie ihm eine Wiederaufnahme mit der Beschäftigung seines Projektes versprach, sobald der Krieg gegen die im Süden der Iberischen Halbinsel noch sitzenden Moslems entschieden ist. Des langen Wartens überdrüssig, wollte Columbus sein Anliegen persönlich beim französischen König vortragen. Man wollte ihn aber nicht ins Ausland ziehen lassen. So wurde nochmals verhandelt. Königin Isabella I. von Kastilien und König Ferdinand II. von Aragón (die Katholischen Könige), seit 1469 verheiratet, war es gelungen, mit dem Fall Granadas am 2. Januar 1492 den letzten moslemischen Vorposten von der Iberischen Halbinsel zu vertreiben, was mit dem festlichen Einzug des Königspaars in Granada, dem Columbus als Augenzeuge beiwohnte, seinen sichtbaren Ausdruck fand. Durfte jetzt endlich auch Columbus triumphieren? Ging sein Traum nun bald in

Erfüllung? Kurz darauf erhielt er Bescheid. – Und abermals wurde sein Plan verworfen. Diesmal aber nicht wegen der Undurchführbarkeit des Unternehmens, sondern wegen der Bedingungen, die Columbus für sich und seine Erben dabei stellte. An sein Vorhaben glaubte man wohl jetzt schon stärker. Durch den soeben erfolgreich beendeten Krieg sah sich die spanische Krone in eine finanziell angespannte Lage versetzt, weshalb auch die Forderungen des Columbus nicht ohne Weiteres sogleich erfüllt werden konnten. Columbus musste sich in Spanien überflüssig vorkommen. Also nahm er einen zweiten Anlauf, um sich nach Frankreich abzusetzen. Dem Verwalter der königlichen Privatschatulle, Luis de Santángel, gelang es sozusagen in letzter Minute, die Königin von der Notwendigkeit zu überreden, die Offerte des Columbus zu akzeptieren. Kaum abgereist, wurde Columbus schon wieder zurückbeordert. Die jetzt letztmalig stattfindenden Verhandlungen zwischen Columbus und der spanischen Krone beanspruchten einen Zeitraum von etwa einem Vierteljahr.

Am 17. April 1492 wurde der Vertrag in Santa Fé bei Granada zum Abschluss gebracht, der als Capitulación bezeichnet wird. Der Bamberger Entdeckungshistoriker Eberhard Schmitt (1984) verweist auf das Problem, ob es sich bei dieser Capitulación um einen Vertrag »zwischen den Souveränen und Columbus handelte oder um eine einseitige Gunstbezeugung der Könige«. Hierin werden Columbus die vererbbare Würde eines Admirals, Vizekönigs und Gouverneurs sowie die Funktion eines Richters zugestanden. Außerdem erhält er einen Gewinnanteil von 10% der umgeschlagenen Waren versprochen. Zu je 12,5% ist er sowohl an den Unkosten als auch am Gewinn der Schiffe beteiligt. Es wird in der Folgezeit üblich, Columbus als Admiral, Admiral des Ozeans oder Admiral des Weltmeeres zu bezeichnen.

In dem ebenfalls am 17. April 1492 in Granada herausgegebenen Schutzbrief soll Christoph Columbus die Kontaktanbahnung zu den fremden Herrschern Indiens bzw. Asiens erleichtert werden. Das königliche Privileg legitimiert von vornherein die Handlungsweise des Columbus. In diesem Zusammenhang findet in der Literatur auch der Begriff »Reisepass« Verwendung. Allein dieser Terminus trifft nur das angestrebte Ziel Indien richtig, nicht aber die darüber hinausgehenden Sonderrechte, welche sich die spanische Krone anmaßte.

Im sogenannten Titulo vom 30. April 1492, einem in Granada von den Katholischen Majestäten ausgestellten Patent, werden die Befugnisse und Ehrenbezeugungen für Columbus feierlich festgeschrieben. Fortan darf Columbus seinen Namen auf das Adelsprädikat Don folgen lassen.

Die soeben skizzierten drei Dokumente stellen die Rahmenbedingungen des Westfahrtprojekts, denen sich noch drei Anweisungen der Katholischen Könige (30.4.1492), die Ausrüstung der Flotte betreffend, und ein Beglaubigungsschreiben (30.4.1492) an asiatische Fürsten anschließen, sodass heute insgesamt sieben Dokumente bekannt sind, welche vor der ersten Reise des Columbus angefertigt wurden (E. Schmitt 1984). Die lange Wartezeit mit den vielen Rückschlägen wirkte sich auf das Selbstbewusstsein des Columbus keineswegs negativ aus, denn sein fortwährendes Drängen bis zur Genehmigung seines Projekts beweist eher das Gegenteil.

Das Signal zur Abfahrt erfolgte am 3. August 1492. Ausgangspunkt dieser denkwürdigen Fahrt war der Seehafen Palos am Golf von Cádiz. Die drei Schiffe nahmen zuerst Kurs auf die Kanarischen Inseln. Hier war man zu einem vierwöchigen Aufenthalt gezwungen, da von der »Pinta«, einer Karavelle von etwa 60 t, das Steuerruder gebrochen war. Nach der Reparatur begann die Überfahrt in westlicher Richtung am 6. September. Als Generalkapitän der kleinen Flotte befand sich Columbus auf dem Flaggschiff »Santa Maria« (etwa 100 t). Kapitän der »Pinta« war Martín Alonso Pinzón, und dessen jüngerer Bruder, Vicente Yáñez Pinzón, befehligte als Kapitän auf der »Niña«, einer Karavelle von etwa 55 t. Über einen Monat beanspruchte die Fahrt von der Insel Gomera bis zur Insel Guanahani, wo man am 12. Oktober erstmals amerikanischen Boden betrat. Südlicher als von dem spanischen Stützpunkt auf den Kanarischen Inseln aus war es Columbus politisch gar nicht anders möglich, einen westwärtigen Kurs einzuschlagen, denn im Vertrag von Alcáçovas waren ja die Interessensphären der Portugiesen und Spanier unmissverständlich geregelt (vgl. oben). Da die »Santa Maria« vor dem Nordwesten der Insel Hispaniola (heute Haiti und Dominikanische Republik) auf eine Sandbank aufgelaufen war, diente das Flaggschiff lediglich noch als Baumaterial für die erste spanische Siedlung Villa de la Navidad (Weihnachtsstadt). Fast die Hälfte aller Expeditionsteilnehmer, 43 von 90, wurden hier zurückgelassen. Sie sollten sich außerdem um den Goldhandel kümmern. So waren am 16. Januar 1493 nur die beiden Karavellen in der Lage, vom Nordosten der Insel Hispaniola, der Bucht von Samana, die Fahrt nach Spanien anzutreten. Bei der Rückfahrt geriet man in einen fürchterlichen Sturm, wobei die beiden Schiffe ihren Kontakt verloren. Aus Furcht, die Rückkehr würde misslingen, entschloss sich Columbus, ein schriftliches Dokument über seine Entdeckungen anzufertigen, das er dann in Form eines versiegelten Pergaments in einem Fass dem Meer anvertraute. Aber Columbus kenterte nicht. Das in Seenot entstandene Schriftstück gilt bis heute als verschollen. Nach kurzem Zwischenaufenthalt auf den Azoren setzte man am 24. Februar mit der »Niña« die Heimfahrt fort. Vor der

Iberischen Halbinsel kam nochmals ein Sturm auf, sodass Columbus sich genötigt sah, am 4. März den Lissaboner Hafen Belém anzulaufen. So kam es, dass der portugiesische Monarch Johann II. noch vor dem spanischen Königspaar Gelegenheit hatte, dem großen Entdecker am 9. März in die Augen zu blicken. Was mag in dem König vorgegangen sein, der Columbus' Plan zweimal verwarf? Am 13. März setzte Columbus die Segel zur Heimkehr. Am 15. März 1493 erreichte er Palos noch vor der »Pinta«, zog am 31. März im Triumphzug durch Sevilla und wurde Mitte April auf dem Marktplatz von Barcelona vom spanischen Königspaar begrüßt.

Nach Kenntnisnahme der Entdeckungen westlich des Ozeans wird der Vertrag von Alcáçovas hinfällig. Durch die päpstliche Bulle »Inter caetera divinae« vom 4. Mai 1493 wird durch Papst Alexander VI. Spanien und Portugal eine Demarkationslinie gesetzt, welche nicht mehr breitenkreisparallel Norden und Süden, sondern nach Osten und Westen unterscheidet. Dementsprechend wurde die alte Demarkationslinie durch einen Meridian 100 Meilen (leguas) westlich der Azoren ersetzt, wobei alle Entdeckungen östlich dieser Linie Portugal und westlich davon Spanien zugestanden wurden. In dem am 7. Juni 1494 zwischen den beiden iberischen Staaten abgeschlossenen Vertrag von Tordesillas war diese neue Grenzmarke nun auf 370 Meilen (leguas) westlich der Kapverdischen Inseln ausgedehnt worden. Das entspricht der heutigen Länge 46° westlich von Greenwich.

Politische Brisanz erlangte die Grenzfestlegung bei der Entdeckung Brasiliens. Vicente Yáñez Pinzón, Kapitän bei Columbus' erster Fahrt, erreichte mit Erlaubnis der spanischen Krone und auf eigene Kosten am 20. Januar/26. Januar 1500 (E. Schmitt 1984/D. Henze 2011) das nach Osten vorspringende südamerikanische Festland im Bereich des heutigen Brasiliens südlich von Recife (»Cabo de la Consolación«), das nach dem Vertrag von Tordesillas nicht in spanischem Besitz verbleiben durfte, denn das Küstenland lag diesseits (östlich) der vereinbarten Grenzlinie. Auf dem Rückweg nordwestwärts passierte man das Orinoco-Delta und entdeckte vermutlich die Insel Grenada (»Isla de Mayo«), bevor über Hispaniola die Heimkehr angetreten wurde. Nur wenig später, nach der Ausfahrt des Pinzón am 1. Dezember 1499, folgte der spanische Seefahrer Diego de Lepe dem Kurs des Erstentdeckers Brasiliens. Bei 8° 30' südlicher Breite fuhr er noch wenig weiter südwärts, bevor er kursähnlich Pinzón zurückkehrte.

Fazit: Die beiden Spanier »Pinzón und Lepe sind die Entdecker Brasiliens« (D. Henze 2011). Auf einen neuen Kontinent gestoßen zu sein, blieb beiden Seefahrern verborgen.

Südlicher als Pinzón und Lepe gelangte Pedro Álvares Cabral an die Ostküste Südamerikas. Cabral war nach der Fahrt des Vasco da Gama während der zweiten portugiesischen Afrikaumseglung (mit dem Ziel Indien) bei der Suche nach günstigeren Winden so weit in südwestliche Richtung abgetrieben worden, dass er am 22. April 1500 auf Südamerika stieß, das de jure im Besitz Portugals bleiben konnte. Denn schon vor Pinzóns Entdeckung und Cabrals Verschlagung nahm das politische Schicksal Brasiliens im Vertrag von Tordesillas seinen Lauf. Der von Cabral gesichtete, aus der südlichen Küstenebene Bahias herausragende Berg erhielt die heute noch gültige Bezeichnung »Monte Pascoal«, der auf der Südhalbkugel eine geographische Breite von etwa 16° und 43' aufweist. Cabral belegte das neuentdeckte Land mit dem Namen »Terra da Vera Cruz«, eine Bezeichnung, die über ein Jahr später vom portugiesischen König Manuel I. in einem Brief an die Katholischen Könige Spaniens in »Terra da Santa Cruz« geändert wurde. Bis zur Mitte des 16. Jahrhunderts blieb diese Namensform üblich, um dann durch den schon um 1510 auftauchenden Namen »Brasil«, einer seit 1325 auf Seekarten eingezeichneten mythischen Insel, ersetzt zu werden. Das Landesinnere wurde nicht erkundet. Ob es sich um Festland oder eine Insel handelt, wusste man nicht. Auch die Kontakte mit Eingeborenen konnten keinen Aufschluss darüber geben. Am 2. Mai segelte Cabrals Flotte ostwärts in Richtung Kap der Guten Hoffnung, um auf der portugiesischen Route nach Indien zu gelangen. Im Umkreis des Kaps kam es zur Katastrophe. Ein Orkan entriss Cabral vier seiner Schiffe, darunter auch das des Bartolomeu Dias. Die Fahrt nach Calicut (Indien) wurde trotzdem fortgesetzt.

Columbus war überzeugt, auf den Osten der Alten Welt getroffen zu sein, zwar noch nicht auf das Gold verheißende Zipangu (Japan) oder auf das Reich des Großen Khan in Cathay (China), das Columbus ebenfalls aus Marco Polos Reisebericht kannte, und schon gar nicht auf die »Gewürzinseln selbst, worunter italienische Kaufmannshandbücher bereits eindeutig die Molukken (›las especerías‹) verstanden« (E. Schmitt 1984). Doch ein wenig Gold, Gewürze und einige Sklaven überzeugten Isabella und Ferdinand, dass er »Indien« erreicht habe. Der Erfolg versprechenden Mission folgten noch drei weitere Atlantiküberquerungen des Columbus im Auftrag der spanischen Krone in die neu entdeckten Länder. Jetzt durfte Columbus als Admiral die Meere befahren. Die zweite Reise begann bereits im Jahr der Rückkehr, versprach man sich doch, abgesehen von der Verkündung des christlichen Glaubens, welche durch die päpstliche Bulle von 1493 rechtmäßig als primäre Aufgabe galt, einen derartigen Reichtum, dass im Gegensatz zur ersten Fahrt diesmal eine wahrhaft riesige Flotte ausgeschickt wurde. Auf insgesamt 17 Schiffen befanden sich 1200 bis

1500 Expeditionsteilnehmer, und nun auch – außer den Seeleuten – Kolonisten, Beamte und Geistliche, die als spanische Interessenvertreter in den neuen Ländern ihre Aufgaben wahrzunehmen hatten. Die große Flotte verließ am 25. September 1493 Cádiz, nahm Kurs auf Gran Canaria (2. Oktober), von wo aus man am 13. Oktober unter westlichem Kurs schon nach 20 Tagen am 3. November 1493 die zu den Kleinen Antillen gehörigen Inseln Dominica und Marie-Galante entdeckte, welche südlich der alten Grenzlinie von 1479 liegen, aber jetzt ohne Weiteres von Spanien in Besitz genommen werden konnten. Von den übrigen Entdeckungen sei noch die zu den Großen Antillen gehörige Insel Puerto Rico erwähnt sowie die Entschleierung der Südküste Kubas, nachdem der östliche Teil von Kubas Nordküste 1492 erkundet worden war, und das Auffinden der Großen Antillen-Insel Jamaica. Der zweiten Reise (1493–1496) folgte eine dritte (1498–1500), auf der der Admiral Trinidad entdeckte und erstmals südamerikanisches Festland im Bereich des Orinoco-Deltas erreichte, und schließlich noch eine vierte (1502–1504), welche die mittelamerikanische Karibikküste im Bereich von Honduras, Nicaragua, Costa Rica und Panamá erkundete.

Der an Gicht leidende Columbus starb am 20. Mai 1506 in Valladolid. Die von ihm auf seinen Westfahrten entdeckten Länder werden heute noch mit dem Begriff Westindien bzw. Westindische Inseln bezeichnet. Ob der weltpolitisch folgenreichste Entdecker bis zu seinem Tod fest daran geglaubt hat, auf seinen westwärts gerichteten Fahrten Asien und nicht einen neuen Kontinent entdeckt zu haben, lässt sich nicht mit absoluter Sicherheit beweisen.

Der italienische Humanist und Historiker Peter Martyr von Anghiera spricht in einem Brief vom 1. November 1493 an den Kardinal Ascanio Maria Sforza Columbus als

»der neuen Welt Entdecker« (»Novi Orbis Repertor«) an. Daraus abzuleiten, Martyr hätte mit dieser Bezeichnung Columbus nach dessen erster Reise bereits als den Entdecker eines neuen Kontinents gefeiert, wäre falsch. Denn einige Zweifler, wie Peter Martyr, sahen in den von Columbus neu aufgefundenen Erdgegenden keine Zugehörigkeit zum ostasiatischen Festland. Das heißt nicht, dass es sich um einen nach Europa, Afrika und Asien neuen Erdteil handelt, sondern lediglich um neue Landteile, die weiter westlich entfernt als die bekannten Azoren im Atlantik eine bis dahin unbekannte Welt präsentieren.

Martyr, am spanischen Hof der erste offizielle Chronist für die Geschichte der Neuen Welt, gab später ein Werk heraus, dass er als »De orbe novo« (Die Neue Welt) bezeichnete. Unter diesem Titel verfasste er im Dienste der spanischen Krone eine erste Dokumentation (1511) über die Ereignisse jenseits des Atlantiks, die vier Jahre nach seinem Tod 1530 erstmals als vollständige Ausgabe in Lateinisch als Druck vorlag (H. Klingelhöfer 1972, 1973). Inzwischen hatten sich Dinge ereignet, die einen neuen Erdteil nicht mehr leugnen ließen.

Mit Columbus' erster Atlantiküberfahrt erfährt die Ära der Renaissance ihren Kulminationspunkt. Die Tat des Columbus bedeutet zugleich die Initialzündung für die wenig später einsetzende Bewegung der Eroberung Mittel- und Südamerikas, die, im Gegensatz zur vorher erfolgten und zum Abschluss gebrachte Reconquista, als Conquista bezeichnet wird.

Werfen wir heute einen Blick auf die Weltkarte oder noch besser auf den Globus, so ist es selbstverständlich, dass zwischen Europa im Osten und Asien im Westen der amerikanische Doppelkontinent (Nord- und Mittelamerika, Südamerika) platziert ist. Keineswegs war das immer so. Denn als der in spanischen Diensten stehende genuesische Seefahrer Christoph Columbus am 12. Oktober 1492 auf seiner Westfahrt nach Indien (damals synonym für Mittel- und Ostasien) die zu den Bahamas gehörige Insel Guanahani (San Salvador) erreichte, betrat er erstmals amerikanischen Boden in dem Glauben, auf den Fernen Osten Asiens getroffen zu sein. Diese geographische Einschätzung vermittelt im selben Jahr auch der von Martin Behaim in Nürnberg angefertigte Globus: Von Amerika keine Spur. Damit repräsentiert dieser älteste erhaltene Erdglobus das präkolumbische Weltbild gerade noch in seiner letzten Phase. Mit Columbus' Entdeckung war nach den bereits viel früheren unterbrochenen Kontakten zwischen Europa und Amerika nun eine dauerhafte Verbindung geschaffen worden. Denn schon bald folgen andere europäische Länder der großen Entdeckertat des Columbus und senden ihre Schiffe über den Atlantischen Ozean nach Westen. Noch mehr Länder und Landschaften werden erkundet. Dass es sich dabei um einen eigenen Erdteil handeln müsse, wurde immer wahrscheinlicher.

So beauftragte der englische König Heinrich VII. den Italiener Giovanni Caboto, der spätestens seit 1495 unter dem englischen Namen John Cabot in Bristol lebte, nach Westen zu segeln und dabei einen nördlicheren Kurs einzuschlagen, in der Hoffnung, dabei auf einer kürzeren Route die begehrten Gewürzinseln in Asien aufzufinden. Stattdessen ging Cabot am 24. Juni 1497 an der nordamerikanischen

Ostküste an Land, wobei er nach Ansicht Manfred Mimlers (1984) entweder auf Labrador, Kap Breton, Neu-Schottland oder Neufundland traf.

Ein anderer Mann, unter spanischer Flagge fahrend, machte sich ebenso auf, den Atlantik nach Westen zu überqueren und den Spuren des Columbus zu folgen. Er begleitete den spanischen Seefahrer und berüchtigten Conquistadoren Alonso de Hojeda (bzw. auch Ojeda) auf jener Fahrt. Und das Interesse jenes Mannes an solch einer abenteuerlichen Entdeckungsreise kam nicht von ungefähr, hatte er doch den großen Entdecker neuer Länder im Westen des Atlantiks selbst kennengelernt. Wer war dieser Mann und wie konnte es gar zu dessen persönlichem Kontakt mit dem großen Columbus kommen?

Wie Christoph Columbus stammt dieser Entdeckungsreisende ebenfalls aus einer der blühenden italienischen Stadtrepubliken, wo Renaissance und Humanismus das kulturelle und wirtschaftliche Leben prägen. Sein Name: Amerigo Vespucci.

Amerigo Vespucci wurde am 9. März 1454 als dritter Sohn einer angesehenen Patrizierfamilie in Florenz geboren. Sein Vater Cernastasio Vespucci bekleidete das Amt eines öffentlichen Notars. Sein Onkel Giorgio Antonio Vespucci, ein gelehrter Dominikanerpater von San Marco, unterrichtete Amerigo und dessen Freund Piero Soderini, den späteren Gonfaloniere (Schutzherr, Stadtoberhaupt) von Florenz. Nicht zuletzt hat ihm seine vorzügliche Schulbildung ermöglicht, Kaufmann in den Handelsunternehmungen der Medici zu werden. 1482 konnte Vespucci als Verwalter bei Lorenzo di Pierfrancesco de' Medici in Florenz beginnen. Seine langjährige Tätigkeit in der aufstrebenden Bankiersfamilie befähigten ihn, dass ihm eine neue Rolle in dem über die Grenzen hinweg tätigen florentinischen Großunternehmen zufiel. So wurde er 1491 nach Sevilla zu Juanoto Beraldi beordert, der dort ein Kaufhaus, eine Art Filiale der Medici-Bank, unterhielt. Auch die Fugger, Welser und andere deutsche sowie flämische Kaufleute waren in Spanien und Portugal mit ihren Dependancen präsent. Denn durch die portugiesischen Afrikafahrten und durch das unter der vereinigten Krone Kastiliens und Aragóns aufstrebende Spanien intensivieren sich die kommerziellen Interessen zusehends in den westlichen mediterranen Raum hinein.

Der Standortwechsel von Florenz nach Sevilla sollte für Vespuccis weitere Lebensplanung von enormer Bedeutung sein, denn das florentinische Handelshaus war hier mit der Ausrüstung von Columbus' erster Expedition beauftragt worden (D. Henze 2011). In der andalusischen Stadt im Südwesten Spaniens muss er wichtige Anregungen für seine bald folgenden Westfahrten über den Atlantik empfangen haben. Vor allem der persönliche Kontakt zu Christoph Columbus dürfte ganz entscheidend gewesen sein. So leistete Vespucci bei den Vorbereitungen zu Columbus' zweiter und dritter Fahrt über den Atlantik wertvolle Hilfe, auch wenn er nach Beraldis Tod 1595 nach dem Willen des Verstorbenen dessen Kaufhaus zu liquidieren hatte. Mehr wissen wir nicht über Vespuccis Vita bis zum Zeitpunkt seines Engagements bei Hojeda, »sein Glück auf einer Fahrt nach dem Neuen Indien zu versuchen« (S. Zweig 1944). Da Beraldis Hauptaugenmerk der Ausrüstung von Schiffen und der Finanzierung von Expeditionen galt, hatte Vespucci als dessen Angestellter stets Kontakte zum seefahrenden Volk. So konnte er viel über Schiffe, Logistik und Navigation kennenlernen. Auch Kenntnisse über das Erstellen von Karten dürften ihm dabei nicht verborgen geblieben sein.

Amerigo Vespuccis Neue Welt

Zum Wahrheitsgehalt der vier Seefahrten

Innerhalb der Entdeckungsgeschichte Amerikas gehört Amerigo Vespucci zu den meist diskutierten Themen, denn seine Reisen werden vom Gros der Reisehistoriker stark angezweifelt. Nach seinen eigenen Angaben unternahm er insgesamt vier Seefahrten in die Neue Welt: 1497–1498, 1499–1500, 1501–1502 und 1503–1504. Aber nach dem allgemein gültigen Forschungsstand sollen nur die zweite und die dritte Seefahrt der Wahrheit entsprechen.

Doch in jüngerer Zeit werden auch der ersten und vierten Seefahrt Realitätsgehalt attestiert.

So erkennt einer der wichtigsten Kritiker für die lateinamerikanische Literatur, der uruguayische Literaturwissenschaftler und Schriftsteller Emir Rodríguez Monegal alle vier Seefahrten des Vespucci an. Das wird aus der Einleitung seines 1982 herausgegebenen Buches über »Die Neue Welt« deutlich. Darin argumentiert der an der Yale University in New Haven (Connecticut/USA) tätig gewesene Gelehrte wie folgt: »Vespucci … hatte den Nachteil, kein Seefahrer zu sein, aber seine Ausbildung war hervorragend. Er konnte die lateinischen Kosmographien, die von den Humanisten und Kartographen herausgegeben wurden, im Original lesen. Deshalb konnte er während seiner vier Reisen nach Amerika die Entfernungen mit größerer Genauigkeit messen und seine Entdeckungen mehr nach Süden lenken. Nach seiner dritten Reise (1501–1502), während derer er die Mündung des Río de la Plata entdeckte und fast die Magalhães [Magellan]-Straße erreichte, gelangte er zu der Überzeugung, daß das spanische Indien nicht ein Teil Asiens war, sondern ein riesiger und unbekannter Kontinent [›mundus novus‹].« Weiter unten richtet sich Monegal gegen die Skeptiker von Vespuccis Berichten und fährt fort:

»... einige Kritiker des 19. Jahrhunderts gingen so weit zu behaupten, seine [Vespuccis] Briefe seien ein Lügengewebe und er habe wahrscheinlich keine der vier Reisen in die Neue Welt gemacht. Richtig ist, daß einige seiner Briefe nur als unvollständige Kopien auf uns kamen. Aber sie wurden veröffentlicht und waren im 16. Jahrhundert weit verbreitet, ohne irgendeinen Argwohn zu erwecken. Die Tatsache, daß sie absichtlich vage und manchmal geheimnisvoll waren, kann man aus dem Kontext der damaligen Zeit verstehen: Vespucci schrieb über Reisen, die in vielerlei Hinsicht geheim waren. Von den vier Entdeckungsfahrten waren die ersten beiden (1497 und 1500) vom König von Spanien finanziert und berührten den Teil der Neuen Welt, den Papst Alexander VI. (spanischer Herkunft) in seiner Bulle von 1493 großzügig Spanien zugesprochen hatte. Seine beiden letzten Reisen wurden vom König von Portugal finanziert, nachdem Vespucci Spanien verlassen hatte, ohne die Krone davon zu unterrichten. Wahrscheinlich hatte er damals von den Portugiesen den Auftrag erhalten, einen westlichen Weg nach Indien zu finden. Um das zu erreichen, mußte er in spanischen Gewässern segeln. Es ist leicht zu verstehen, daß er in seinen Briefen verschwiegen ist; noch heute ist die Erforschung des Sonnensystems durch die Amerikaner und die Sowjets [Russen; die Sowjetunion endete 1991] von Geheimnissen und Fehlinformationen umgeben.«

Der jüngste Verfechter der These von Amerigo Vespuccis vier Reisen bzw. Seefahrten ist der an der Universität Wien lehrende Robert Wallisch (2002/2012), der anhand neuer sprachwissenschaftlicher Analysen die Authentizität des berühmten Textes »Mundus Novus« nach der dritten Reise nachzuweisen glaubt und auch der vierten Reise Wahrheitsgehalt schenkt. Der nach Vespuccis Seefahrt von 1501 bis 1502 erstmals 1503 gedruckte Mundus-Novus-Brief traf die europäische Geisteswelt wie ein Blitz. Die Neugier war enorm.

Was war der Grund?

Der 1940 nach Brasilien emigrierte österreichische Schriftsteller Stefan Zweig beleuchtet dieses historisch so einschneidende Ereignis in einem seiner Essays der großen Zeit- und Geschichtsdarstellungen (»histoires racontées«). Er nannte es »eine kleine Studie über das Vespucci-Problem«, das 1944 posthum in Buchform erschien, wie folgt:

»1503 flattern beinahe gleichzeitig in den verschiedensten Städten – Paris, Florenz, man weiß nicht, in welcher zuerst – ein paar bedruckte Blätter auf, vier bis sechs im ganzen, ›Mundus Novus‹ betitelt. Als Verfasser dieses lateinisch geschriebenen Traktats wird bald ein Albericus Vespucius oder Vesputius [Amerigo Vespucci] genannt, der in der Form eines Briefes an Laurentius Petrus Franciscus de Medici [Lorenzo di Pierfrancesco de' Medici] über eine Reise berichtet, die er in bisher unbekannte Länder im Auftrag des Königs von Portugal unternommen habe. Solche brieflichen Berichte über Entdeckungsreisen sind in der damaligen Zeit nicht selten. Alle großen Handelshäuser Deutschlands, Hollands und Italiens, die Welser, die Fugger, die Medici, [sic!] und außerdem noch die Signoria von Venedig haben ihre Korrespondenten in Lissabon und Sevilla, die ihnen Nachricht über jede gelungene Expedition nach Indien zum Zwecke geschäftlicher Orientierung geben; diese Briefe ihrer Handelsattachés sind, weil sie eigentlich Geschäftsgeheimnisse vermitteln, sehr gesucht, und ihre Abschriften werden ebenso wie die Karten – die Portolane – der neugefundenen Küsten als Wertobjekte gehandelt. Manchmal fällt eine dieser Abschriften einem geschäftstüchtigen Buchdrucker in die Hand, der sie dann sofort in seiner Presse vervielfältigt. Und diese Flugblätter, welche für das große Publikum die damals noch nicht etablierte Zeitung ersetzen, indem sie interessante Neuigkeiten der Öffentlichkeit rasch zugänglich machen wollen, werden dann zwischen Ablaßzetteln und medizinischen Rezepten auf den Jahrmärkten verkauft. Ein Freund legt sie dem andern in Briefen, in Paketen bei; so erlangt ab und zu ein ursprünglicher Privatbrief eines Faktors an seinen Chef die Öffentlichkeit eines gedruckten Buchs.

Von all diesen Flugblättern der Zeit hat seit dem ersten Brief des Columbus von 1493, der seine Ankunft an den Inseln ›nahe des Ganges‹ [Indien] meldete, keines solch allgemeines und keines folgenreicheres Aufsehen erregt als diese vier Blätter des bishin völlig unbekannten Albericus.«

»… aber der eigentliche Ruhm und die welthistorische Bedeutung dieses winzigen Flugblatts beruhen weder auf seinem Inhalt noch auf der seelischen Spannung, die es unter den Zeitgenossen erregte. Das eigentliche Geschehnis dieses Briefes ist merkwürdigerweise nicht der Brief selbst, sondern sein Titel, die zwei Worte, die vier Silben ›Mundus Novus‹, die eine Revolution ohnegleichen in der Betrachtung des Kosmos hervorgerufen haben. Bis zu dieser Stunde hatte Europa als das große geographische Ereignis der Zeit betrachtet, daß Indien, das Land der Schätze und der Gewürze, innerhalb eines Jahrzehnts auf einem zwiefachen Wege erreicht worden war: durch Vasco da Gama auf dem Wege nach Osten rund um Afrika und durch Christoph Columbus auf dem Wege nach Westen quer durch den bisher undurchfahrbaren Ozean.«

Indem Vespucci im Mundus-Novus-Brief nachdrücklich die Entdeckung der »Neuen Welt« propagiert, macht er dank der sich rasch verbreitenden Flugblätter den Begriff »Mundus Novus« derart populär, dass er nicht mehr aus den Köpfen ging.

Der Entdeckungs- und Reisehistoriker Dietmar Henze stellt in seiner »Enzyklopädie der Entdecker und Erforscher der Erde« (2011) klar, dass von den vier Seefahrten nur die zweite und dritte Vespucci tatsächlich durchgeführt haben soll. Dabei greift er auch die These der vier Seefahrten von Robert Wallisch an. Ob sich die erste und vierte der vier Seefahrten als real stattgefundene Ereignisse auch zur vorherrschenden Meinung der Entdeckungsgeschichte etablieren können, wird die Zukunft zeigen. So sollen hier dem Gros der Reisehistoriker folgend nur die beiden Seefahrten von 1499 bis 1500 als die erste und von 1501 bis 1502 als die zweite kurz skizziert werden.

Die erste Seefahrt genehmigte der für die Lizenzvergabe bei spanischen Überseereisen zuständige Sekretär der Katholischen Könige, Juan Rodríguez Fonseca, Bischof von Burgos und Mitglied des Königlichen Rats. Der Verlauf lässt sich folgendermaßen bestimmen:

Unter dem Kommando des Spaniers Alonso de Hojeda, der zuvor an Columbus' zweiter Reise teilgenommen hatte, stachen am 18. Mai 1499 drei Schiffe in See, von denen Vespucci zwei auf eigene Kosten ausgerüstet hatte. Mit an Bord war der Baske Juan de la Cosa, der bei den ersten zwei Fahrten des Columbus dabei war. Als Schiffsführer mit besonderen seemännischen Kenntnissen war er »der beste Pilot seiner Zeit« (D. Henze 2011). Die zweite Fahrt von Columbus begleitete er in der Funktion des Hauptkartographen. An der marokkanischen Küste erhöhte ein viertes gekapertes Schiff die Zahl der kleinen Flotte. Nach 24 Segeltagen war Land in Sicht. Man befand sich vor der Küstenlandschaft Guayanas bzw. des östlichen Surinam bei etwa 6° nördlicher Breite. Hojeda gab die Position mit 200 leguas (rund 1100 km) östlich von Paria an, der Halbinsel nördlich des Orinoco-Deltas, die durch Columbus 1498 entdeckt und betreten wurde und von Hojedas Standpunkt aus betrachtet nordwestlich bei 10,7° nördlicher Breite liegt. Während Hojeda dem Kurs nach Paria folgte, ankerte Vespucci vor der Küste, um dann per Boot anzulanden, was der dichte üppig tropische Pflanzenwuchs nicht zuließ. So segelte man weiter südostwärts die Küste entlang, bis man die Mündung eines westöstlich und die eines südnördlich strömenden Flusses im äquatorialen Bereich erreichte. Damit war Vespucci im Juli 1499 eine wahrlich große Entdeckertat gelungen: die Auffindung des Amazonas und des Rio Pará. Vespucci erkundet einen der Mündungsarme zwei Tage lang mit dem Boot und bestaunt dabei die tropische Flora und Fauna, besonders die Vogelwelt mit ihren mannigfaltigen Papageien und dem Tukan, von dem Vespucci als Erster berichtet. Bei der weiteren Erkundung der Küste in südöstlicher Richtung will Vespucci mit seinen Schiffen bis 6° südlicher Breite gekommen sein. Eine starke Gegenströmung zwang ihn zum Abdrehen. Er nahm Kurs nach Norden und Nordwest auf, um sich Hojeda anzuschließen. Mit ihm befuhr er die Nordküste Südamerikas. Am heutigen Hafen Chichiriviche, an der Küste von Venezuela gelegen, kam es zum Kampf gegen kriegerische Ureinwohner. Hojeda bezeichnete diesen Ort als Puerto Flechado, was so viel heißt wie »Hafen der Pfeile«, denn die Indianer hatten die Ankömmlinge mit einem Hagel von Pfeilen empfangen. Im weiteren Verlauf der Reise erreichten Hojeda und Vespucci die heutige Insel Curaçao, welche die Spanier damals Isla de los gigantes, das heißt »Insel der Riesen«, nannten. Auch Vespucci berichtete von Eingeborenen ungewöhnlicher Größe. In der Tat handelt es sich bei den karibischen Bewohnern um eine der größten und kräftigsten indianischen Rassen. Die Weiterfahrt führt die spanischen Seefahrer zum Golf von Venezuela. Die am Wasser auftauchenden Pfahlbauten der Indianer erinnerten die Spanier an die Bauten der italienischen Hafenstadt Venedig, wonach dann auch diese Gegend benannt wurde: Venezuela (Klein-Venedig). Über die Halbinsel Guajira gelangten sie schließlich ins heutige

Kolumbien (Kap Vela) und traten nach kurzem Aufenthalt an der Südwestküste der Insel Hispaniola/Haiti in Yaquimo (Jacmel) die Heimreise an, wo man in der zweiten Junihälfte 1500 in Cádiz eintraf.

Größere Bedeutung erlangte die zweite Seefahrt, die Vespucci in portugiesischen Diensten mit unternahm. Er folgte der Einladung des portugiesischen Königs Manuel I. und ging nach Lissabon, um unter dem Befehl des portugiesischen Seefahrers Gonçalo Coelho an der Entdeckungsfahrt des Pedro Álvares Cabral zur brasilianischen Küste anzuknüpfen. Am 13. Mai 1501 fiel der Startschuss. Am Kap Verde im Hafen von Beseguiche in Westafrika traf die Expedition im Juni 1501 auf zwei nach Lissabon vorauseilende Schiffe der Cabral-Flotte (s. o.). Da das Bordbuch des Kommandanten Coelho nicht erhalten blieb, ist man bei der Rekonstruktion der Seefahrtroute »auf die sehr kursorischen Angaben Vespuccis angewiesen, denen zufolge eine Küstenstrecke von 800 leguas abgefahren wurde. Merkwürdigerweise verschweigt Vespucci den Namen Coelho dabei.

Eine Reihe von Vorgebirgen, Baien und Flußmündungen empfing damals ihren Namen, und zwar, dem Brauch der Entdecker gemäß, nach dem jeweiligen Tagesheiligen. Es war der Brasilianer Ad. von Varnhagen, der aus den Namen auf die zeitliche Abfolge ihrer Austeilung schloß und so zu einer Chronologie des Fahrtverlaufes gelangte, angefangen mit dem Cabo São Roque (5° s. Br.), benannt am 16. August, über das Cabo Santo Agostinho (8° s. Br.), benannt am 28. August, den Rio São Francisco (10° s. Br.), benannt am 4. Oktober, zur Baía de Todos os Santos (13° s. Br.), benannt am 1. November« (D. Henze 2011). Wie weit Coelho und Vespucci tatsächlich nach Süden gelangten, ist sehr umstritten. Vespucci selbst gibt eine südliche Breite von 50° an, was etwa dem südlichen Patagonien in Argentinien entsprechen würde. Das heißt, dass nahezu Feuerland erreicht worden wäre, was allerdings bezweifelt wird, weil Vespucci Hinweise auf die Mündung des Paraná fehlen, die vom Ästuar des Río de la Plata gebildet wird und eine äußerst markante Erscheinung geomorphographischer Art darstellt. Vespucci gibt einen Anhaltspunkt, indem er sagt, dass er sowohl das Sternbild des Großen als auch das des Kleinen Bären nicht mehr sehen konnte, als er südwärts fuhr. So will Vespucci laut Mundus-Novus-Bericht bis 32° südlicher Breite gekommen sein, etwa da, wo die Lagune von Patos mit dem Atlantik verbunden ist. Nach Eberhard Schmitt (1984) kann aber auch ein Erreichen »von wenigstens 34–35°« südlicher Breite möglich sein, südlich von Montevideo am Río de la Plata. Anschließend verließen sie die Küste und sind laut Mundus Novus auf offener See noch bis 50° Süd vorgedrungen, wo sie »neues Land« sichteten. Dietmar Henze (2011) konstatiert, dass die Expedition vermutlich schon viel früher bei unter 25° südlicher Breite, vor Cananéia, ihre weiteste Distanz auf der Südhalbkugel fand. Das genaue Datum der Rückkehr im Jahr 1502 nach Lissabon ist nicht bekannt.

Amerigo Vespucci – geachtet und umstritten

Nach der Befahrung vor der sich weiter nach Südwesten streckenden südamerikanischen Küste zog Amerigo Vespucci den richtigen Schluss, dass es sich hier nicht um einen Teil Asiens handeln könne, sondern um eine selbstständige Landmasse. Demnach war auf dem von Europa nach Asien westwärts gerichteten Seeweg ein neuer Erdteil entdeckt, der den Weg nach Asien bis zur ersten Weltumsegelung durch Ferdinand Magellans Flotte (1519–1522) zunächst noch versperrte. Im Mundus-Novus-Brief greift diese Erkenntnis, wie wir gesehen haben, als sensationelle Nachricht schnell um sich. Auf den ersten Blick schien es ja auch Vespucci gewesen zu sein, in Amerika einen neuen Kontinent erkannt zu haben. Aber bereits im Jahr 1500, drei Jahre vor Vespuccis »Mundus Novus«, erwähnt Columbus in einem Brief an die Amme des Prinzen Don Juan von Kastilien im Zusammenhang mit dem von ihm entdeckten Festland (1498) einen neuen Erdteil (»Nuevo Cielo y Mundo«), der mit der Nennung der dazugehörige Atmosphäre (span. cielo: Himmel) den kontinentalen Charakter noch besonders betont.

Amerigo Vespucci kam bereits zu Beginn des 16. Jahrhunderts zu hohem Ansehen. Seine zahlreichen Publikationen in verschiedenen europäischen Sprachen machten ihn rasch bekannt. Derartige publizistische Erfolge konnte Christoph Columbus hingegen nicht vorweisen. Im Jahr 1508 wurde Vespucci vier Jahre vor seinem Tod zum Piloto Mayor der Casa de la Contratación in Sevilla ernannt. Damit waren ihm als königlicher Navigator und Chefpilot der spanischen Überseehandelskontrollbehörde die Sammlung von Informationen und die Nachführung von Karten anvertraut. Diese Auszeichnung erzeugt Kritik. So beurteilt der Schweizer Historiker Urs Bitterli (1991) Vespuccis Kompetenzen wie folgt: »Die moderne Forschung beurteilt die Bedeutung des Seefahrers Vespucci, bei abweichender Schattierung im einzelnen, noch kritischer als jene des Reiseberichterstatters. Morison, gestützt auf die sachkundigen Nachforschungen des portugiesischen Historikers Duarte Leite, schließt sich dessen Urteil an, wonach des Florentiners Bild als eines renommierten Astronomen, scharfsinnigen Kosmographen, geschickten Navigators und kühnen Entdeckers völlig imaginärer Art sei; und andere Spezialisten denken nicht anders.« Und Dietmar Henze (2011) ergänzt: »… eine Auszeichnung, die viele seiner Kritiker mit Staunen und

Unglauben bedacht haben, liegt doch von ihm keine einzige Leistung, keine Kartenschöpfung vor, die eine herausragende nautisch-astronomische Befähigung erkennen ließe, jedoch manches, was dagegen spricht, u. a. die von H. Wagner (1917) als Legende entlarvte angebliche Erfindung der Längenbestimmung durch Mondabstände. Unangenehm berührt seine penetrante Überheblichkeit; nach seinen Worten habe er von Navigation mehr verstanden ›als alle Navigatoren der Welt‹.«

Als Vespucci am 22. Februar 1512 fast sechs Jahre nach dem Tod des Columbus in Sevilla starb, waren zwei Entdecker der Neuen Welt gegangen, deren Namen mit »Amerika« unmittelbar in Verbindung stehen. Nach Columbus' vier Entdeckungsreisen hätte man bei der Namensgebung den neuen Kontinents eigentlich Columbia nennen müssen. Doch es kam ganz anders!

Wie Amerika zu seinem Namen kam

In Spanien oder Portugal machte sich scheinbar niemand Gedanken, den neuen Kontinent durch einen geeigneten Namen Ausdruck zu verleihen. An einem ganz anderen Ort aber, im Saint Dié in den Vogesen, wurzelt die Idee für eine passende Bezeichnung der Neuen Welt.

Hier im Gelehrtenzirkel des Gymnasiums Vosagense und in der von Herzog René II. von Lothringen geförderten wissenschaftlich-literarischen Gesellschaft wirkte der Theologe, Kosmograph und Kartograph Martin Waldseemüller. Im Gedankenaustausch mit dem humanistischen Dichter und Geographen Matthias Ringmann, begannen beide circa 1505 mit den Arbeiten an einer Neuauflage der Geographie des Ptolemaeus. Auf Vorschlag Ringmanns erhielt der neue Erdteil seinen Namen. Ringmann kannte natürlich den Mundus Novus und auch den Soderini-Brief (erstmals gedruckt 1504), den Vespucci an seinen Freund Piero Soderini, Gonfaloniere von Florenz, schrieb und darin von allen seinen vier Seefahrten berichtet. Die beschriebene erste und vierte Reise spricht Dietmar Henze (2011) als »Dichtung« an und spricht dem Soderini-Brief seine Authentizität ab. Waldseemüller greift Ringmanns Vorschlag auf und bezeichnet auf einer Weltkarte (»Cosmographia Universalis«) und auf einem Globus 1507 ausschließlich den Südteil der Neuen Welt nach dem Vornamen des Entdeckungsreisenden Amerigo Vespucci als »America«. Matthias Ringmann als der Urheber der Namensbezeichnung liefert in seiner »Cosmographiae Introductio« den Kommentar dazu, der den darin enthaltenen Soderini-Brief unter dem Titel »Quattuor Navigationes« bekannt macht. Das gesamte Werk wurde Kaiser Maximilian I. gewidmet.

Den Namensschöpfer Amerikas betreffend verweist Eberhard Schmitt (1984) auf Franz Laubenberger (1959), der »die Zusammenhänge der Entstehung des Namens [Amerika] offensichtlich endgültig aufgehellt« hat. Schmitt weist außerdem nach, dass der englische Geograph Richard Henry Major bereits 1868 Ringmann als Urheber des Namens Amerika und Verfasser der »Cosmographiae Introductio« bezeichnete. Major war im 19. Jahrhundert lange Zeit als Kartenkurator des Britischen Museums in London tätig. Schmitt konzediert Vespucci zwar auch nur die von ihm angegebene zweite und dritte Seefahrt, sieht aber in der Namensgebung durch Ringmann und Waldseemüller »eine nicht unberechtigte Konsequenz«, brachte Vespucci doch die Existenz eines neuen Kontinents ins europäische Bewusstsein.

Es soll hier hervorgehoben sein, dass Waldseemüller nach Ringmanns Tod (D. Henze 2011) den Namen Amerika strich. In der berühmten Straßburger Ptolemaeus-Ausgabe von 1513 erschien Waldseemüllers Amerika-Karte unter der Bezeichnung »Terre Nove«, da er nun in Columbus den eigentlichen Entdecker erkennt, was sein zweizeiliger Text unterhalb des Äquators belegt. Dessen ungeachtet hielten nachfolgende Kartenmacher an dem Namen Amerika fest.

So war es der größte Kartograph der Renaissance, der in Duisburg tätige Gerhard Mercator, der den Namen »America« auf den Norden und Süden des Doppelkontinents ausdehnte. Der aus Ingelheim stammende und zuletzt an der Baseler Universität lehrende Hebraist und Geograph Sebastian Münster publizierte in seiner Ptolemaeus-Ausgabe von 1540 die erste selbstständige Karte Amerikas.

Amerikas Geburtsurkunde

Die 1507 von Martin Waldseemüller als Holzschnitt publizierte Weltkarte besteht aus 12 Blättern und weist ein Gesamtformat von 2,36 x 1,32 m (Breite x Höhe) im Maßstab am Äquator von circa 1 : 15 000 000 auf. Von den ursprünglich in Saint Dié oder Straßburg 1000 gedruckten Exemplaren ist nur noch eines bekannt. Dieses einzigartige Exemplar, das als die Geburtsurkunde Amerikas gilt, befand sich im Privatbesitz des oberschwäbischen Fürstenhauses Waldburg-Wolfegg, bis 2001 ein Verkauf an die USA eigeleitet wurde. Für solch einen bedeutenden Kulturexport mussten die Bundesrepublik Deutschland und das Land Baden-Württemberg eine Sondergenehmigung erteilen. Nachdem auch die Finanzmittel in Höhe von 10 Millionen US-Dollar beschafft werden konnten, wechselte Waldseemüllers Dokument 2003 von der Alten in die Neue Welt. Seit 2005 gehört sie auf Betreiben der USA und Deutschlands zum UNESCO-Weltdokumentenerbe. Im Jahr 2007 – 500 Jahre nach dem Erstdruck – übergab symbolisch Bundeskanzlerin Angela Merkel in Washington Waldseemüllers Weltkarte an die Vereinigten Staaten von Amerika. Die Geburtsurkunde Amerikas wird heute in der Library of Congress in einer speziell klimatisierten Vitrine aufbewahrt und ist öffentlich zugänglich.

Die für die Zusammensetzung eines Erdglobus notwendigen Segmente gab Waldseemüller im selben Jahr und unter demselben Titel der großen Weltkarte heraus. Zu einer Kugel geformt, weisen die von einem Holzstock gedruckten 12 aneinanderhängenden Globensegmente im Format von 35 x 18 cm einen Durchmesser von 12 cm auf, was eine sehr reduzierte Darstellung der großen Weltkarte bedeutet. Auch hier tritt Waldseemüller als Taufpate von »America« auf. Fünf Globuskarten sind bisher weltweit bekannt geworden: (1) James Ford Bell Library, University of Minnesota, Minneapolis, USA; (2) Bayerische Staatsbibliothek München; (3) Historische Bibliothek der Stadt Offenburg; (4) Auktionskatalog Cartography, Including the Waldseemüller Gores. 8.6.2005, Christie's, London, London 2005, Lot 17. Heutiger Aufbewahrungsort unbekannt (U. Obhof 2006), versteigert für umgerechnet 812 000 Euro; (5) Universitätsbibliothek der Ludwig-Maximilians-Universität München. Das erst 2012 nachgewiesene Exemplar förderte ein Zufallsfund zutage. Es weist gegenüber den vier anderen Drucken Varianten auf.

Geheimnisumwittert

Waldseemüllers große Weltkarte zeigt Amerika in zwei unterschiedlichen geographischen Situationen. Die eine ist auf der Hauptkarte, die andere auf der die Hemisphäre (Erdhalbkugel) darstellenden Nebenkarte rechts oben auszumachen.

Wenden wir uns zunächst der Hauptkarte zu, so entdecken wir im Westen (links) eine Meerenge zwischen dem nördlichen und südlichen Teil Amerikas, die in Verbindung mit dem westlich vom Atlantik Meer sich anschließenden neuen Meer steht, im Bereich von 10° nördlicher Breite. Es ist die Stelle, an der sich der Isthmus von Panamá befindet, den Vasco Núñez de Balboa 1513, erst fünf Jahre nach Erscheinen der Karte, als erster Spanier überquerte und das südlich des Atlantiks erblickte Meer »Mar del Sur« nannte. Die Hemisphärenkarte weist im selben geographischen Bereich ebenfalls ein neues Meer westlich des Atlantiks auf, steht aber trotzdem in Diskrepanz zur Hauptkarte: Die Meerenge fehlt! Stattdessen ist eine Landbrücke bzw. Landenge festzustellen, die wahrlich einem Isthmus entspricht, so wie es in Panamá tatsächlich der Fall ist.

Im Hinblick auf den sehr frühen Zeitpunkt, an der Westküste der Neuen Welt erstaunlicher- und richtigerweise auf beiden Karten einen weiteren bzw. neuen Ozean ins Bild zu setzen, der Amerika von Asien trennt, müssen wir uns zwei Kardinalfragen stellen, bevor wir nach Antworten suchen:

(1) Woher konnte Waldseemüller diese Kenntnis bezogen haben?

(2) Und warum zeichnete er einmal eine Meerenge (falsch) und einmal eine Landbrücke (richtig) ein?

Zu (1)
Ein Jahr nach Columbus' Tod erschien die Weltkarte Waldseemüllers. Konnte Columbus sein Informant gewesen sein?

Die Lage: Columbus hatte vor seiner vierten und letzten Atlantiküberquerung am 14. März 1502 von den Katholischen Majestäten die Instruktion erhalten, unter Umgehung von Hispaniola Kurs nach Westen zu halten und Land in Indien zu entdecken, das vertragsgemäß der spanischen Krone gehöre. Er hatte sogar ein Empfehlungsschreiben an Vasco da Gama dabei (E. Schmitt 1984), der sich seit Mitte Juni 1502 zum zweiten Mal in Indien (1502–1503) aufhielt und dabei das portugiesische Handelsmonopol sicherte. Die spanische Krone ging davon aus, dass Columbus endlich die ersehnte Westpassage zu den begehrten Gewürzhandelsplätzen der Molukken fand und dabei auf Gamas Expedition treffen könnte.

Columbus startete am 11. März 1502 in Cádiz. Seine Route führte ihn die mittelamerikanische Karibikküste entlang (s. o.), ohne die erhoffte Durchfahrt nach Asien zu finden. Dafür aber hörte Columbus während seiner Erkundungsfahrten im Bereich der Chiriqui-Inseln im heutigen Moskitogolf erstmals »von einer verheißungsvollen Goldprovinz ›Ciguare‹ … neun Tagereisen zu Land gegen W[esten] gelegen; und dort würde man das Meer antreffen, und nach weiteren zehn Tagereisen käme man zum Fluß Ganges (!)« … »Columbus schloß aber richtig, daß das Land, an dem er entlangfuhr, Isthmuscharakter habe« (D. Henze 2011). Dies geht aus dem an die Katholischen Könige gerichteten Brief hervor, den Columbus noch während seiner Reise am 7. Juli 1503 verfasste. Es darf als Wunder gelten, das dieser Brief den Empfänger erreichte, befand sich doch die Expedition zum Zeitpunkt der Erstellung und noch lange danach in einem desaströsen Zustand. Die Schiffsbohrwürmer (s. o.) hatten den Schiffen so übel zugesetzt, dass man an der Nordküste Jamaicas auf Rettung warten musste. Dem mutigen Einsatz seines Vertrauten Diego Méndez war es zu verdanken, dass er im zweiten Versuch Hispaniola nach über hundert Seemeilen in einem Kanu erreichte (U. Bitterli 1991). Von Santo Domingo aus konnte dann auch der Brief an die Katholischen Könige weitergeleitet werden. Es verging noch ein Jahr, ehe die schwer gebeutelte Expedition die Heimkehr antrat und am 7. November 1504 im Hafen von Sanlúcar de Barrameda endete.

Ist es denkbar, dass der ab 1505 in Saint Dié an seiner Weltkarte arbeitende Waldseemüller vom Inhalt des Briefes von Columbus' letzter Fahrt wusste?

Durchaus. Denn der Brief war bereits 1505 öffentlich bekannt. Ins Italienische übersetzt, kam er durch Simon de Lorere in Venedig unter der Bezeichnung »Lettera rarissima« zum Druck (Allgemeine Geographische Ephemeriden 1812). Es ist sehr wahrscheinlich, dass Waldseemüller Columbus' Lettera rarissima erhielt. Als Matthias Ringmann 1505 nach Italien reiste, konnte er den veröffentlichten Brief von dort mitgebracht haben. Wenn nicht, könnte ihn sein Humanistenfreund Gianfrancesco Pico della Mirandola, den er 1508 wegen seiner Arbeiten mit Waldseemüller an der neuen Ptolemaeus-Ausgabe nochmals besuchte (Fr. R. v. Wieser 1905), nachgeschickt haben.

Was können wir schlussfolgern?

Zu (2)
(a) Hauptkarte
Unter der Prämisse, dass Waldseemüller den öffentlichen Brief der letzten Columbusfahrt erreichte, lässt sich Folgendes festhalten: Waldseemüller folgt Columbus in dessen Überzeugung, auf der Westpassage in asiatische Gewässer zu gelangen. In den Breiten, die der Admiral auf all seinen vier Seereisen befuhr, müsste auch hier eine Passage auszumachen sein. Da er sie nicht fand (nicht finden konnte), mag für Waldseemüller an den widrigen Bedingungen der vierten Reise (s. o.) gelegen haben. Zu

lange saß Columbus fest, um weitere Erkundungen durchführen zu können. Eine Meeresdurchfahrt schien für den Kartographen in Saint Dié noch durchaus im Bereich des Machbaren.

(b) Hemisphärenkarte
Der große Unterschied zur Hauptkarte liegt primär in der Feststellung, dass in Mittelamerika keine offene Meeresdurchfahrt und richtigerweise Festland in Form einer Landbrücke zwei Ozeane voneinander trennt. Daneben fällt auf, dass er Amerigo Vespucci gleichsam als Paten für die Neue Welt in Szene setzt (»Vespucci-Karte«), ohne aber dass der Name »America« auf der Nebenkarte verzeichnet wäre! Die Hemisphärenkarte links daneben zeigt die Alte Welt mit Ptolemaeus als deren geographische Autorität. Waldseemüller wird den langen Brief des Admirals genauestens interpretiert haben, um feststellen zu können, dass Columbus die Ahnung einer Landbrücke in der Gegend von Veragua (Name der Eingeborenen für den heutigen Westen Panamás) gekommen ist: »Mir deucht, diese Lande [d. h. ›Ciguare‹] liegen zu Veragua so wie Tortosa zu Fuenterrabia oder Pisa zu Venedig« (D. Henze 2011). Der Italiener Columbus gibt dem spanischen Königspaar zwei geographische Vergleiche von bekannten Städten, die auf demselben Festland im Bereich zweier unterschiedlicher Meere liegen: Tortosa (Costa Dorada, Mittelmeer) und Fuenterrabia (Golf von Biscaya, Atlantik) in Spanien sowie Pisa (Ligurisches Meer, Mittelmeer) und Venedig (Adria, Mittelmeer) in Italien. Aber als wirklich schmale, zwischen zwei Meeresteilen liegende Landstücke können die beiden europäischen Vergleiche nicht gelten, dafür liegen sie viel zu weit auseinander! Columbus vermutet lediglich, dass eine Verbindung existieren müsse, von der auch die Katholischen Majestäten überzeugt werden sollten. Auf der Nebenkarte kommt dagegen die richtig vermutete

Verbindung eindrucksvoll zum Vorschein. Als sehr schmal kann sie aufgrund des sehr kleinen Maßstabs proportional gegenüber den anderen Landmassen aber nicht interpretiert werden. Der möglichst exakt arbeitende Waldseemüller könnte hier den Ausführungen des Admirals durchaus gefolgt sein, zieht man die beiden geographischen Vergleiche Spaniens und Italiens beim Betrachten der Hauptkarte mit ins Kalkül.

Was bleibt?

Es ist die Hauptkarte mit ihrer Aussagekraft, die das neue Weltbild vermittelt. Und sie demonstriert eine Durchfahrt nach dem Osten in ein neues Meer. Aber die »Vespucci-Karte« lenkt den Blick auf eine Landbrücke zwischen den Meeren. Die Hauptkarte hat mehr Gewicht als die Nebenkarten, denn sie sticht sofort ins Auge und soll präsentieren, worum es geht. Beide Nebenkarten dagegen lenken den Blick auf einen speziellen Sachverhalt (Alte Welt und Neue Welt) und zeigen einen Ausschnitt in stark reduziertem Maßstab, der die Konturen der Kontinente in generalisierter Weise darstellt.

Weshalb Waldseemüller den Namen Amerika nur auf der Hauptkarte anwendet, liegt nach Franz Laubenberger (1959) darin begründet, »daß um den Namen Amerika gerungen wurde und daß die Eintragung des Namens auf der Karte ein Zugeständnis Waldseemüllers an den Textverfasser Ringmann (›Cosmographiae Introductio‹) gewesen ist.« Das sähe nach einem Kompromiss aus, der die beiden Humanisten weiter zusammenarbeiten ließ. Dafür spricht auch die nach dem Ableben Ringmanns kartographische Tilgung des Namens Amerika durch Waldseemüller, der in Christoph Columbus den Entdecker der Neuen Welt erkennt (s. o.).

Gehen wir davon aus, dass Waldseemüller seine Kartenarbeit in einem kontinuierlichen Prozess unter Einbeziehung von Columbus' Briefinhalt vorantrieb und ganz bewusst zwei Varianten der geographischen Darstellung Amerika betreffend wiedergab, dann hätte er damit eine Kompromiss-Lösung angeboten. Kann das sein? Wohl kaum, auch angesichts seines akribischen Kartenschaffens in der Folgezeit (Straßenkarte Europas 1511, Straßburger Ptolemaeus-Ausgabe 1513, Weltkarte 1516).

Würde Waldseemüller erst während der Herstellungsarbeiten an seiner Karte von Columbus' Lettera rarissima (s. o.) Kenntnis genommen und den Holzschnitt des westlichen Hauptkartenteils schon fertiggestellt haben, dann hätte er im weiteren Verlauf der Herstellung immer noch die Möglichkeit gehabt, die aktuelle Information des Admirals einem der folgenden Holzstöcke anzuvertrauen. Denkbar, aber nicht beweisbar.

Die riesengroße circa drei Quadratmeter messende Weltkarte von 1507 mit den unterschiedlichen Amerika-Varianten ist ein Faszinosum und gibt weiter Rätsel auf: Das Geheimnis bleibt …

Uwe Schwarz

Literatur

(1) Eine Vorbemerkung

Grundlage für den Einführungstext war für mich das von meiner Frau und mir herausgegebene hier folgende Buch:

Die Ankunft der Weißen Götter. Dokumente und frühe Berichte der großen Eroberer von Nordamerika bis Peru. Stuttgart, Wien: Edition Erdmann in K. Thienemanns Verlag 1992. Herausgegeben von Eva Michels-Schwarz und Uwe Schwarz (Lizenzausgabe für die Wissenschaftliche Buchgesellschaft, Darmstadt 1998)

Um den Leserhythmus nicht zu stören, wurde auf das häufige Zitieren des Buches verzichtet.
Gegenüber dem ursprünglichen Text von 1992/1998 ist zwar etliches beibehalten, aber auch einiges verändert und ersetzt worden. Und vieles ist für den vorliegenden Band extra ergänzt und vollkommen neu konzipiert.

(2) Einführung

Allgemeine Geographische Ephemeriden. Verfasset von einer Gesellschaft von Gelehrten, und herausgegeben von F. J. Bertuch, Bd. 38, Weimar 1812, S. 98

Baumgärtner, Ingrid; Schröder, Stefan: Weltbild, Kartographie und geographische Kenntnisse. In: WBG Weltgeschichte. Eine globale Geschichte von den Anfängen bis ins 21. Jahrhundert, Bd. III, Weltdeutungen und Weltreligionen 600 bis 1500. Herausgegeben von Johannes Fried und Ernst-Dieter Hehl, Darmstadt 2010, S. 57–83

Beck, Hanno: Große Reisende. Entdecker und Erforscher unserer Welt. München 1971

Beck, Hanno: Die Alten kannten Amerika. Von Entdeckungsreisen, die wir noch entdecken werden. In: Paul Gallez: Das Geheimnis des Drachenschwanzes. Die Kenntnis Amerikas vor Kolumbus. Berlin 1980, S. 19–26

Beck, Hanno: Große Geographen. Pioniere – Außenseiter – Gelehrte. Berlin 1982

Bitterli, Urs: Die Entdeckung Amerikas von Kolumbus bis Alexander von Humboldt. München 1991

Büttner, Manfred: Zu Ritters Konzeption der Geographiegeschichte und aus ihr sich ergebende Anregungen für gegenwärtige Forschungen. In: Carl Ritter. Zur europäisch-amerikanischen Geographie an der Wende vom 18. zum 19. Jahrhundert (= Abhandlungen und Quellen zur Geschichte der Geographie und Kosmologie, Bd. 2). Herausgegeben von Manfred Büttner. Paderborn, München, Wien, Zürich 1980, S. 111–144

Delekat, Lienhard: Phönizier in Amerika. Die Echtheit der 1873 bekanntgewordenen kanaanäischen (altsidonischen) Inschrift aus Paraíba in Brasilien nachgewiesen (= Bonner Biblische Beiträge, 32). Herausgegeben von Johannes Botterweck und Heinrich Zimmermann, Professoren der Katholisch-Theologischen Fakultät der Universität Bonn. Bonn 1969

Dokumente zur Geschichte der europäischen Expansion. Band 2: Die großen Entdeckungen. Herausgegeben von Matthias Meyn, Manfred Mimler, Anneli Partenheimer-Bein und Eberhard Schmitt unter Mitarbeit von Hanno Beck, Lieselotte und Theo Engl, Waldemar Espinoza Soriano, Dietmar Henze, Wolfgang Reinhard, Gabriele Scheidegger, Manfred Tietz, Charles Verlinden u. a. München 1984

Gallez, Paul: Das Geheimnis des Drachenschwanzes. Die Kenntnis Amerikas vor Kolumbus. Aus dem Französischen übertragen von Wolf-Dieter Grün. Berlin 1980 (Originaltitel: »La protocartographie de l'Amérique du Sud du deuxième au seizième siècle«)

Henze, Dietmar: Enzyklopädie der Entdecker und Erforscher der Erde. Darmstadt 2011 (= Neuausgabe der Ausgabe Graz: Bd. 1, A–C (1978); Bd. 2, D–J (1983); Bd. 3, K–Pallas (1993); Bd. 4, Pallegoix–Saposchnikow (2000); Bd. 5, Sapper–Zweifel (2004); Bd. 6 mit Berichtigungen und Nachträgen zu allen 5 Bänden sowie einem Essay-Teil. Darmstadt 2011

Heyerdahl, Thor: Das große Heyerdahl-Buch. Kon-Tiki – Ein Floß treibt über den Pazifik. Aku-Aku – Das Geheimnis der Osterinsel. Deutsche Übersetzung von Karl Jettmar. Frankfurt/M., Berlin, Wien 1980 (Titel der norwegischen Originalausgaben: »Kon-Tiki Ekspedisjonen«, Oslo 1948, Lizenzausgabe für Deutschland 1949; »Aku-Aku, Påskeøyas hemmelighet«, Oslo 1957, autorisierte gekürzte Ausgabe 1969)

Heyerdahl, Thor: Zwischen den Kontinenten. Archäologische Abenteuer. Aus dem Englischen übersetzt von Karl Jettmar und Theodor A. und Jutta Knust. München 1978 (Texte zusammengestellt aus: »Indianer und Alt-Asiaten im Pazifik. Das Abenteuer einer Theorie«, Wien 1966; »The Quest for America«, London 1971)

Ingstad, Helge: Die erste Entdeckung Amerikas. Auf den Spuren der Wikinger. Ins Deutsche übertragen von Karl und Käthe Christiansen. Frankfurt/M., Berlin 1966 (Titel der norwegischen Originalausgabe: »Vesterveg til Vinland«, Oslo 1965)

Jacob, Ernst Gerhard: Christoph Columbus. Bordbuch. Briefe. Berichte. Dokumente. Ausgewählt, eingeleitet und erläutert von E. G. Jacob (= Sammlung Dieterich, Band 127). Bremen o. J. [1956]

Klingelhöfer, Hans (Hg./Bearb.): Peter Martyr von Anghiera. Acht Dekaden über die Neue Welt. Erster Band: Dekade I–IV. Darmstadt 1972

Klingelhöfer, Hans (Hg./Bearb.): Peter Martyr von Anghiera. Acht Dekaden über die Neue Welt. Zweiter Band: Dekade V–VIII. Darmstadt 1973

Knöbl, Kuno: Tai Ki. Die Reise zum Ort ohne Wiederkehr. Unter Mitarbeit von Arno Dennig. Wien, München, Zürich 1975

Laubenberger, Franz: Ringmann oder Waldseemüller? Eine kritische Untersuchung über den Urheber des Namens Amerika. In: Erdkunde (1959), Band XIII, Heft 3, S. 163–179

Lauer, Wilhelm: Klimawandel und Menschheitsgeschichte auf dem mexikanischen Hochland. Wiesbaden 1981 (= Akademie der Wissenschaften und der Literatur, Abhandlungen der Mathematisch-Naturwissenschaftlichen Klasse, Jg. 1981, Nr. 2)

Meyn, Matthias – s. Dokumente zur Geschichte der europäischen Expansion

Mimler, Manfred – s. Dokumente zur Geschichte der europäischen Expansion

Nobis, Heribert M.: Über die Bedeutung der geistigen Strömungen des Mittelalters für die Entwicklung der Erdwissenschaften. In: Zur Entwicklung der Geographie vom Mittelalter bis zu Carl Ritter (= Abhandlungen und Quellen zur Geschichte der Geographie und Kosmologie, Bd. 3). Herausgegeben von Manfred Büttner. Paderborn, München, Wien, Zürich 1982, S. 21–41

Obhof, Ute: Der Erdglobus, der Amerika benannte. Die Überlieferung der Globensegmentkarte von Martin Waldseemüller aus dem Jahre 1507. In: Neue Welt und altes Wissen. Wie Amerika zu seinem Namen kam. Eine Ausstellung mit Kostbarkeiten der Historischen Bibliothek Offenburg. Herausgegeben vom Fachbereich Kultur der Stadt Offenburg durch Susanne Asche und Wolfgang M. Gall. Offenburg 2006, S. 45–53

Ritter, Carl: Geschichte der Erdkunde und der Entdeckungen. Vorlesungen an der Universität Berlin. Herausgegeben von H. A. Daniel. Berlin 1861

Schmitt, Eberhard – s. Dokumente zur Geschichte der europäischen Expansion

Schönwiese, Christian Dietrich: Klimaschwankungen. Berlin, Heidelberg, New York 1979

Severin, Timothy: Tausend Jahre vor Kolumbus. Auf den Spuren der irischen Seefahrermönche. Aus dem Englischen von Wolf-Dieter Bach. Übersetzung des Anhangs und fachliche Beratung: Svante Domizlaff. Hamburg 1979 (2. Aufl.; Titel der Originalausgabe: »The Brendan Voyage«, New York 1978)

Trimborn, Hermann: Eldorado. Entdecker und Goldsucher in Amerika. München, Wien 1961

Trimborn, Hermann: Altamerikanische Hochkulturen. In: Die große illustrierte Weltgeschichte, Bd. I. Gütersloh 1964, S. 1069–1154

Ure, John: Heinrich der Seefahrer. Der Aufbruch ins Zeitalter der Entdeckungen. Wiesbaden 1979

Wagner, Hermann: Die Legende der Längenbestimmung Amerigo Vespucci's nach Mondabständen (23. Aug. 1499). In: Nachrichten von der Königl. Gesellschaft d. Wissenschaften zu Göttingen. Mathemat.-physikal. Klasse. Berlin 1917

Wallisch, Robert: Der Mundus Novus des Amerigo Vespucci (Text, Übersetzung und Kommentar). (= Österreichische Akademie der Wissenschaften, Philosophisch-Historische Klasse. Edition Woldan, Band 5. Herausgegeben von Christine Harrauer). Wien 2012 (3., überarbeitete Auflage; Erstauflage 2002)

Wieser, Fr. R. v. (Hg.): Die Grammatica figurata des Mathias [sic!] Ringmann (Philesius Vogesigena) in Faksimiledruck und mit einer Einleitung. Strassburg 1905

Zweig, Stefan: Amerigo. Die Geschichte eines historischen Irrtums. Frankfurt am Main 1989 (Erstausgabe Stockholm 1944)

(3) Anmerkungen zu wichtiger Spezial-Literatur

(a) Als unverzichtbare Nachschlagewerke gelten für den Geographie- und Kartenhistoriker sowie den Entdeckungs- und Reisehistoriker folgende Publikationen:

Lexikon zur Geschichte der Kartographie. Von den Anfängen bis zum Ersten Weltkrieg. Bearbeitet von Ingrid Kretschmer, Johannes Dörflinger und Franz Wawrik. 2 Bände. (Die Kartographie und ihre Randgebiete. Enzyklopädie in Verbindung mit der Österreichischen Akademie der Wissenschaften. Redigiert und herausgegeben von Erik Arnberger. C/1, C/2). Wien 1986

Enzyklopädie der Entdecker und Erforscher der Erde – »der Henze«
In der Einführung bereits mehrfach zitiert – s. Henze, Dietmar

(b) Auf der Suche nach der Fülle geographischer Namensbezeichnungen und ihrer räumlichen Zuordnung erweisen sich gegenüber modernen Atlanten oft ältere Kartenbände als das zuverlässigere Medium, so zum Beispiel der von mir gern herangezogene

»Andrees Allgemeiner Handatlas. Mit vollständigem alphabetischen Namenverzeichnis in besonderem Bande. Achte, neubearbeitete und vermehrte Auflage. Herausgegeben von Dr. Ernst Ambrosius. Bielefeld und Leipzig: Verlag von Velhagen & Klasing 1922«

Kartenteil

Die Brasilienfahrt von Gonçalo Coelho und Amerigo Vespucci 1501 (Karte aus Urs Bitterli 1991, S. 114)

Während Vespuccis zweiter Seefahrt (1501–1502) soll auf offener See eine geographische Breite von 50° Süd erreicht worden sein, was nahezu Feuerland entspräche. Der durchgezogene Richtungspfeil endet dagegen schon bei etwa 25° Süd unterhalb São Paulos bei Cananéia, von wo aus man umkehrte. Der gestrichelte Pfeil deutet dagegen ein Erreichen bis 34–35° Süd bei Montevideo an (s. Einführung, S. 68).

Weltkarte von Martin Waldseemüller 1507
Geburtsurkunde Amerikas

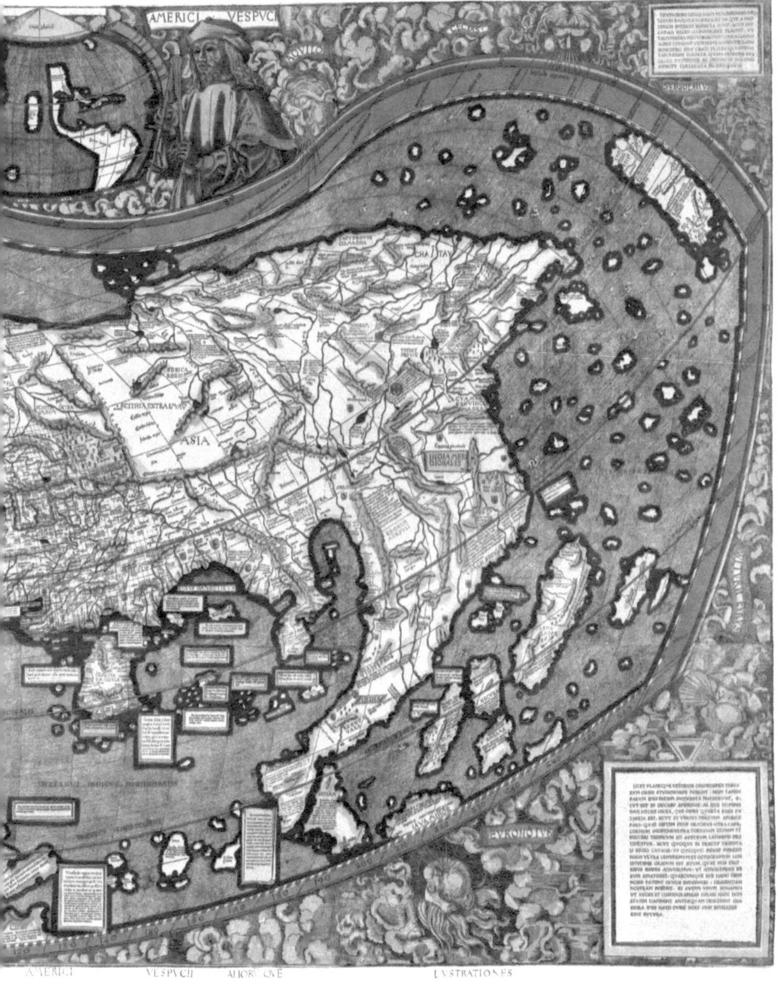
AMERICI VESPVCI
ASIA
CHATAY
INDIA MERIDIONALIS
EVRONOTVS
AMERICI VESPVCII ALIORVQVE LVSTRATIONES

Waldseemüller tauft die Neue Welt Amerika und bezeichnet damit allein Südamerika. Den Schriftzug »AMERICA« bringt er direkt über dem südlichen Wendekreis an.

Unter Berücksichtigung der Ergebnisse portugiesischer und spanischer Entdeckungen entwickelt Waldseemüller ein Bild der Erde, das Alte und Neue Welt verbindet. Gegenüber den klassischen Weltkarten aus den Ptolemaeus-Ausgaben, die eine Art Atlas-Vorläufer darstellen, ist Afrika jetzt komplett erfasst.

Kartentitel laut Originaltitel in der Fußleiste:
»VNIVERSALIS COSMOGRAPHIA SECVNDVM PTHOLOMÆI TRA [Zwischenraum] DITIONEM ET AMERICI VESPVCII ALIORṼQVE LVSTRATIONES«
(auch »Universalis Cosmographia« genannt)
Den Zwischenraum füllt die Darstellung Südafrikas.

Kartenautor: keine Angabe. Bekannt durch Waldseemüllers Eintrag in Ringmanns Cosmagraphiae Introductio, wo er Karte und Globus Kaiser Maximilian I. widmet. Von den Globen sind keine erhalten, nur die zweidimensionalen Globuskarten (s. Einführung, S. 73).

Ort: Saint Dié oder Straßburg

Jahr: keine Angabe. Bekannt durch die Cosmographiae Introductio vom 25. April 1507.

Maßstab: circa 1 : 15 000 000 am Äquator

Projektion: Modifizierte Kegelprojektion nach Ptolemaeus (herzförmig)

Gesamtformat: 2,36 m x 1,32 m (Breite x Höhe), Wandkartenformat

Nullmeridian: vermutlich Ferro (El Hierro, die westlichste Insel der Kanaren)
West-Ost-Erstreckung: 360° – Die Längengrad-Zählung verläuft vom Nullmeridian aus nach Osten und endet nach 360° an ihrem Ausgangspunkt (Nord-Süd-Linie: 0° = 360°).
Nord-Süd-Erstreckung: 90° Nord bis 50° Süd

Ausführung: Holzschnitt von zwölf Druck-/Holzstöcken gedruckt

Nachweis: Library of Congress, Washington D. C. (s. Einführung, S. 73)

Die Karte gilt von ehemals 1000 Exemplaren heute als unikal.

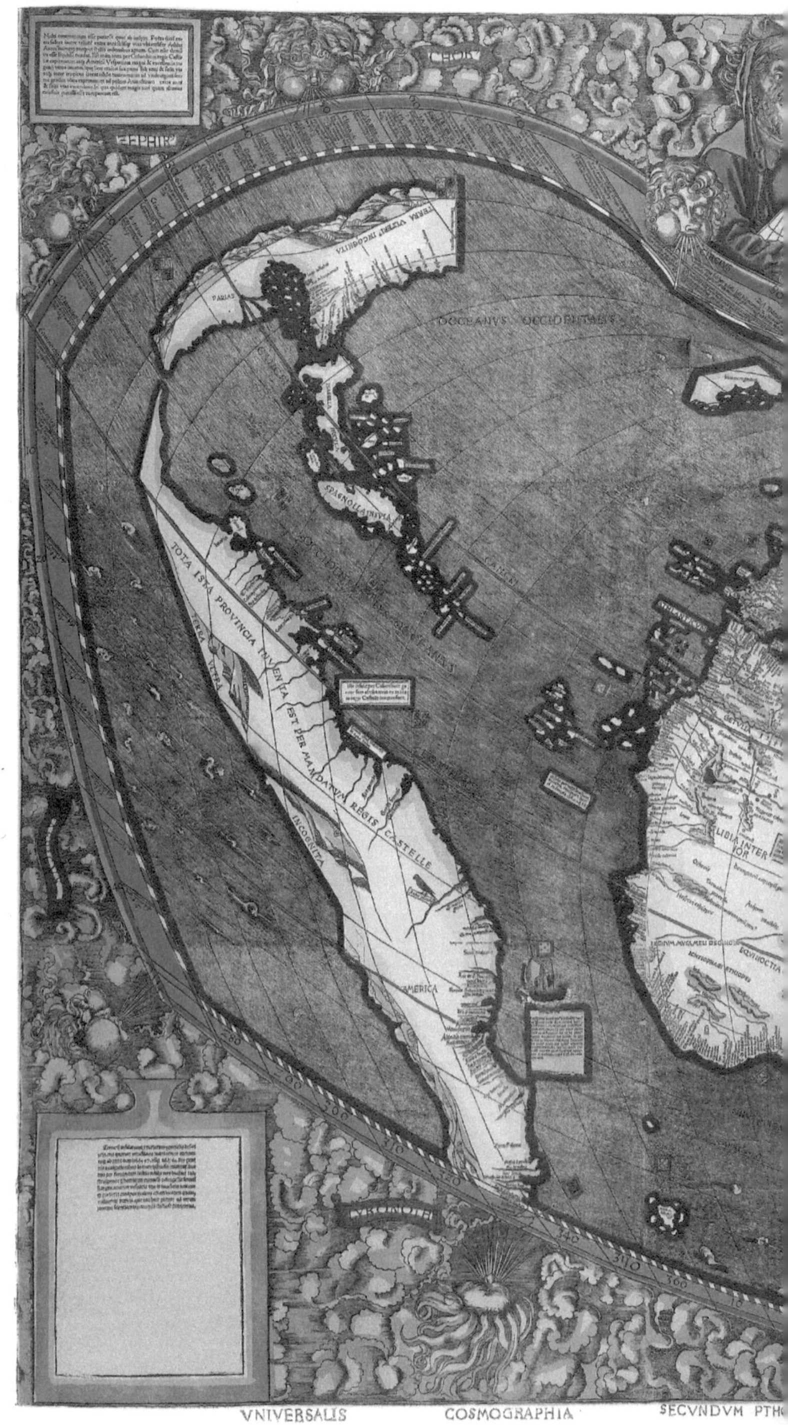

OCCEANVS OCCIDENTALIS
PARIAS
SPAGNOLLA INSVLA
TOTA ISTA PROVINCIA INVENTA EST PER MANDATVM REGIS CASTELLE
TERRA VLTRA INCOGNITA
AMERICA
LIBIA INTERIOR
GETVLIA
VNIVERSALIS COSMOGRAPHIA SECVNDVM

Zwei aktuelle geographische Situationen stellt Waldseemüller vor:

Im Gegensatz zu Amerika ist Afrika seit Vasco da Gama 1498 umfahrbar. Diese Kenntnis setzt Waldseemüller kartographisch um. So ist die Randgraduierung des Kartenbildes durch das Vorrücken Südafrikas in ihrem Verlauf kurz durchbrochen. Südamerika ist im weiteren südlichen Bereich noch nicht erkundet. Magellan findet 1520 die nach ihm benannte Meeresstraße und gelangt vom Atlantik in den Pazifik. Erst fast 100 Jahre später (1616) gelingt auch die Umfahrung Südamerikas um Kap Hoorn durch die Niederländer Jacob Le Maire und Willem Corneliszoon Schouten.

Ausschnitt Amerika–Afrika

Nebenkarte

In der Mitte oben der Weltkarte von 1507 verweisen zwei Erdhalbkugeln auf die östliche (links) und die westliche (rechts) Hemisphäre.

Waldseemüller stellt der Alten Welt, der östlichen Erdhalbkugel, Claudius Ptolemaeus als Autorität an die Seite.

Waldseemüller setzt Amerigo Vespucci als Protagonisten für die Neue Welt in Szene, ohne sie im Gegensatz zur Hauptkarte als Amerika zu bezeichnen. (s. S. 98/99)

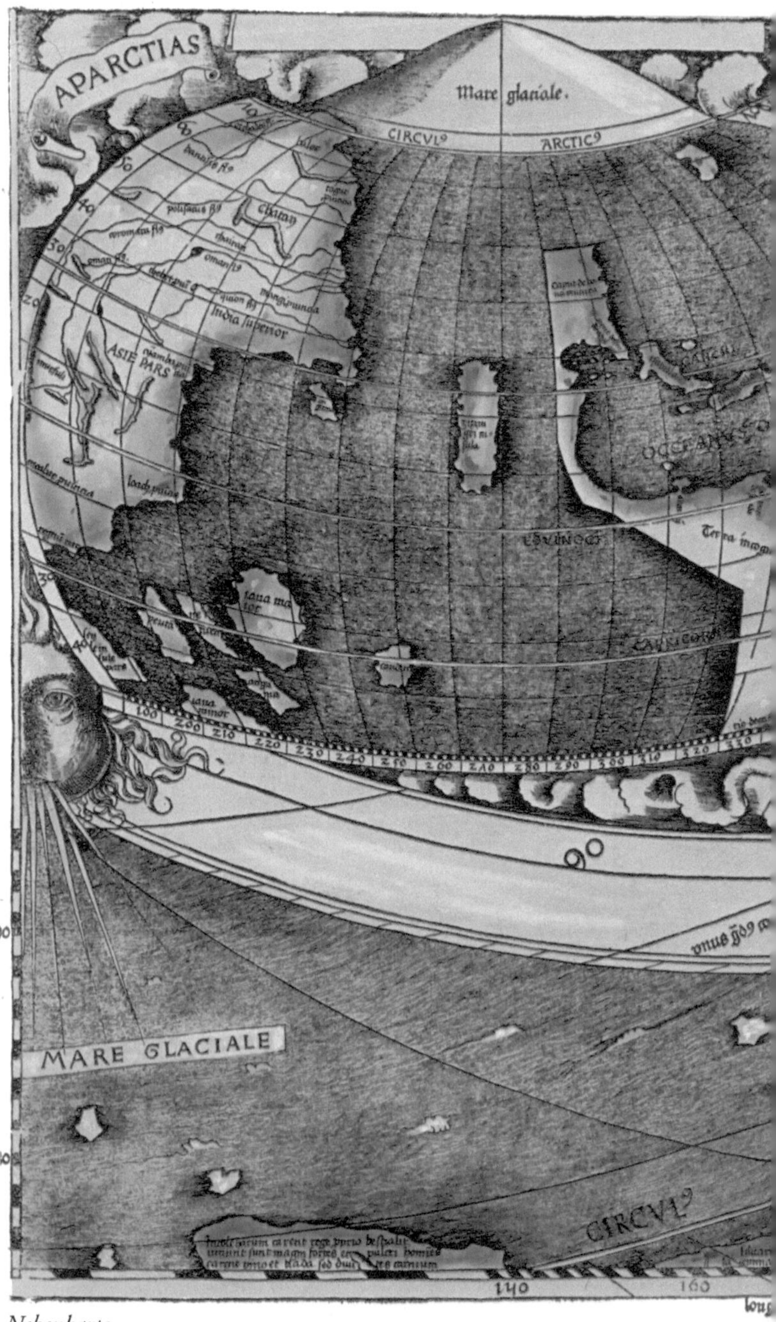
APARCTIAS
Mare glaciale.
CIRCVL9
ARCTIC9
India superior
ASIE PARS
Iaua maior
Iaua minor
OCCEANVS
Terra magn
MARE GLACIALE
CIRCVL9
140
160

Nebenkarte

AMERICI VESPVCII
AQVILO
80
BALOR REGIO
TOLOMA
DROVIII
180
190
200

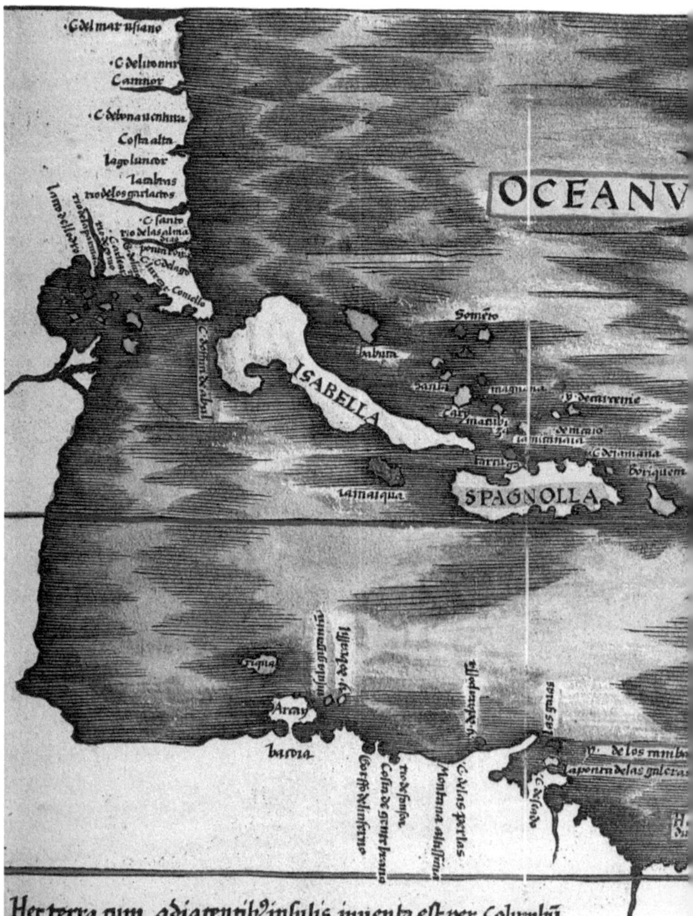
OCEANV
ISABELLA
SPAGNOLLA
Boriquem
Costa alta
Hec terra cum adiacentib' insulis inuenta est per Columbū
ianuensem ex mandato Regis Castelle
TERRA
Tropicus Capricorni

Waldseemüller bringt hier im Gegensatz zu seiner »Universalis Cosmographia« 1507 satt des Namens Amerika unterhalb des Äquators einen zweizeiligen Text an, der auf Columbus als den eigentlichen Entdecker der Neuen Welt verweist. Da der große Entdecker als Admiral die Meere befuhr, wird diese Karte auch als Karte des Admirals oder Admiralskarte bezeichnet.

Die Karte ist Teil der 1513 in Straßburg bei Johannes Schott gedruckten Ptolemaeus-Ausgabe, an der Matthias Ringmann (Text) und Martin Waldseemüller (Karten) seit circa 1505 gemeinsam arbeiteten (s. Einführung, S. 70).

Die Ausgabe enthält 47 Karten: 27 »Tabulae antiquae« und 20 »Tabulae modernae« unter dem Titel »Supplementum« (Ergänzung). Die Admiralskarte unter der Bezeichnung »Terre Nove« gehört zu den »Tabulae modernae«, die das alte Weltbild aktualisieren.

Der Maßstab beträgt etwa 1:28 000 000, das Format der Holzschnitt-Karte 42 x 36 cm (Breite x Höhe).

Die Admiralskarte von Martin Waldseemüller 1513 (© Nebenzahl: Der Kolumbusatlas. Braunschweig. Westermann Verlag 1990, S. 64–65, Tafel 21)

Welt-Seekarte von Martin Waldseemüller 1516

Waldseemüller ersetzt gegenüber der Admiralskarte den Hinweis auf Columbus durch die Bezeichnung »Terra Nova«, die unterhalb der Äquatorlinie Südamerikas angebracht ist.

Gegenüber der Weltkarte 1507 stehen Europa und Afrika ganz im Zentrum des Weltbilds.

Südlich Afrikas greift die Meeresfläche weiter südwärts. Der amerikanische Doppelkontinent ist nur im Osten wiedergegeben, das Westgestade mit dem von Balboa 1513 bezeichneten anschließenden Südmeer [Pazifik] (s. Einführung, S. 74) bleibt im Dunkeln.

Kartentitel in der Kopfleiste:
Carta Marina Navigatoria Portugallen Navigationes Atque Tocius Cogniti Orbis Terre Maris
(auch »Carta Marina« genannt)

Erste gedruckte Seekarte der Welt. Waldseemüller löst sich hier von Ptolemaeus und zeigt die Alte und Neue Welt nach dem neuesten Stand. Er wertet portugiesische und spanische Seekarten sowie Reiseberichte aus. Nur da, wo neue Nachrichten fehlten, hielt er an Ptolemaeus fest. Als Weltkarte verweist sie auf die Navigation und gibt im Stil der Portolankarten (s. Einführung, S. 24 f., 63) 32 Windrichtungen an. Der Maßstab ist größer [kleiner als 1 : 11 000 000] als bei der »Universalis Cosmographia«. Das Erdbild ist in Form einer Plattkarte (niederl. »platte kaart« = ebene Karte) wiedergegeben. Das Wandkartenformat aus zwölf zusammengesetzten Blättern (2,48 x 1,33 m; Breite x Höhe) gleicht etwa der Weltkarte von 1507. Die Blätter wurden wie bei der »Universalis Cosmographia« als Holzschnitte gefertigt zum Druck gebracht, vermutlich in Straßburg.
Nachweis: Library of Congress, Washington D. C.
Die »Welt-Seekarte« erwarb der US-Unternehmer Jay Kislak 2003 vom Fürstenhaus Waldburg-Wolfegg und schenkte sie 2004 dem amerikanischen Volk. So haben zwei herausragende geographisch kartographische deutsche Kulturgüter ihren Platz jetzt in der Kongress-Bibliothek der Vereinigten Staaten von Amerika.

Die »Carta Marina« gilt wie die »Universalis Cosmographia« von ebenfalls ursprünglich 1000 Exemplaren heute als unikal.

Mundus Novus

Neue Welt

(Lateinischer Text
und deutsche Übersetzung
von Robert Wallisch)

Mundus Novus

Albericus vespucius Laurentio
Petri de medicis salutem plurimam dicit.

1 Superioribus diebus satis ample tibi scripsi de reditu meo ab novis illis regionibus, quas et classe et impensis et mandato istius serenissimi portugalie regis perquisivimus et invenimus, quasque novum mundum appellare licet, quando apud maiores nostros nulla de ipsis fuerit habita cognitio et audientibus omnibus sit novissima res. Etenim hec opinionem nostrorum antiquorum excedit, cum illorum maior pars dicat ultra lineam equinoctialem et versus meridiem non esse continentem, sed mare tantum, quod atlanticum vocavere. Et, si qui eorum continentem ibi esse affirmaverunt, eam esse terram habitabilem multis rationibus negaverunt. Sed hanc eorum opinionem esse falsam et veritati omnino contrariam, hec mea ultima navigatio declaravit, cum in partibus illis meridianis continentem invenerim frequentioribus populis et animalibus habitatam quam nostram europam seu asiam vel africam, et insuper aerem magis temperatura et amenum quam in quavis alia regione a nobis cognita, prout inferius intelliges, ubi succincte tantum rerum capita scribemus et res digniores annotatione et memoria, que a me vel vise vel audite in hoc novo mundo fuere, ut infra patebit.

Eine neue Welt

Brief des Amerigo Vespucci an Lorenzo di Pier Francesco de' Medici

1 In den letzten Tagen habe ich Euch ausführlich von meiner Rückreise aus jenen neuen Regionen berichtet, die wir mit der Flotte, auf Kosten und im Auftrag des durchlauchtigsten Königs von Portugal (woher ich Euch nun schreibe) erkundeten und entdeckten, und die man als eine neue Welt bezeichnen könnte, wo doch die Alten von diesen Gebieten keine Kenntnis besaßen und deren Existenz allen, die davon hören, völlig neu ist. Denn in der Tat übersteigt dies die Vorstellungen der Menschen unserer Antike bei Weitem, insofern der Großteil von ihnen meinte, es gäbe überhaupt kein Festland südlich des Äquators, sondern nur noch das Meer, welches sie Atlantik nannten; und selbst wenn einige wenige behaupteten, dass dort Festland läge, so erklärten sie doch mit vielen Argumenten, dass dieses Land nicht bewohnbar wäre. Dass aber diese ihre Vorstellung falsch ist und der Wahrheit in keiner Weise entspricht, hat diese meine letzte Seefahrt bewiesen, da ich in jenen südlichen Breiten einen Kontinent fand, der mit Völkern und Tieren dichter besiedelt ist als unser Europa oder Asien und Afrika, und darüber hinaus ein Klima, das gemäßigter und angenehmer ist als in irgendeiner anderen uns bekannten Weltgegend, wie Ihr weiter unten noch hören werdet. Dort werde ich in aller Kürze die Hauptpunkte der Ereignisse und alle berichtenswerten Dinge, die ich in dieser neuen Welt gesehen oder gehört habe, zu Papier bringen. Doch davon später.

2 Prospero cursu quartadecima mensis maii millesimo quingentesimo primo recessimus ab olysippo, mandante prefato Rege, cum tribus navibus ad inquirendas novas regiones versus austrum; et viginti mensibus[1] continenter navigavimus ad meridiem. Cuius navigationis ordo talis est: Navigatio nostra fuit per insulas fortunatas (sic olim dictas; nunc autem appellantur insule magne canarie), que sunt in tertio climate et in confinibus habitati occidentis. Inde per oceanum totum littus africum et partem ethiopici percurrimus usque ad promontorium ethiopum, sic a ptolomeo dictum. Quod nunc a nostris appellatur caput viride et ab ethiopicis beseghice (et regio illa mandinga), gradibus xiiii intra torridam zonam a linea equinoctiali versus septentrionem; que a nigris gentibus et populis habitatur. Ibi resumptis viribus et necessariis nostre navigationi, extulimus anchoras et expandimus vela ventis. Et nostrum iter per vastissimum oceanum dirigentes versus antarcticum parumper per occidentem inflеximus per ventum, qui vulturnus dicitur. Et a die, qua recessimus a dicto promontorio, duum mensium et trium dierum spatio navigavimus, antequam ulla terra nobis appareret. In ea autem maris vastitate quid passi fuerimus, que naufragii pericula et que corporis incommoda sustinuerimus, quibusque anxietatibus animi laboraverimus, existimationi eorum relinquo, qui multarum rerum experientia optime norunt, quid sit incerta querere et, que an sint, ignorantes investigare. Et ut uno verbo universa perstringam: Scies, quod ex diebus sexaginta septem, quibus navigavimus, continuos quadraginta quatuor habuimus cum pluvia, tonitruis et choruscationibus ita obscuros, ut neque solem in die neque serenum celum in nocte unquam videremus.

1 viginti mensibus: Lesefehler des lat. Übersetzers.

2 Am 14. Mai 1501 liefen wir im Auftrag des genannten Königs bei günstigem Wind mit drei Schiffen aus Lissabon aus, um die neuen Gebiete der südlichen Halbkugel zu erkunden. Und so segelten wir zehn Monate lang ständig weiter nach Süden. Der Ablauf dieser Seefahrt ist folgender: Unsere Reise ging vorbei an den Inseln der Seligen (so wurden sie früher genannt; jetzt heißen sie jedoch Kanarische Inseln), welche in der dritten Klimazone und an der Westgrenze der »Bewohnten Welt« liegen. Von da liefen wir auf Steuerbordbug die gesamte maurische und einen Teil der schwarzafrikanischen Küste entlang bis zum Kap der Schwarzen, wie Ptolemäus es bezeichnete. Dieses wird heute von den Europäern Cabo Verde und von den Schwarzen Bezeguiche genannt, das Hinterland jedoch Mandinga. Das Kap liegt auf dem vierzehnten nördlichen Breitengrad in der verbrannten Zone. Das Hinterland wird von schwarzen Volksstämmen bewohnt. Nachdem wir uns dort erholt und alle für unsere Seefahrt notwendigen Vorräte aufgefüllt hatten, lichteten wir die Anker und setzten Segel. Und so steuerten wir über den weiten Ozean in südliche Richtung, wobei wir aufgrund des sogenannten Schirokkos ein wenig nach Westen abfielen. Und seit dem Tag, an dem wir von dem genannten Kap aufgebrochen waren, segelten wir einen Zeitraum von zwei Monaten und drei Tagen, ohne dass jemals Land gesichtet wurde. Was wir nun in dieser unendlichen Weite des Meeres durchlebt, was für Gefahren für das Schiff und was für Plagen für uns selbst wir ertragen und unter welchen Ängsten wir gelitten haben, überlasse ich der Einschätzung derer, die aus mannigfacher Erfahrung sehr wohl wissen, was es bedeutet, nach Ungewissem zu forschen, und sich ohne die Sicherheit, dass es überhaupt existiert, danach auf die Suche zu machen. Und um das Ganze kurz zusammenzufassen, sollt Ihr Folgendes erfahren: Von den siebenundsechzig Tagen, die wir auf See waren, hatten wir durchgehend vierundvierzig mit Regen, Donner und Blitz; und dies in solcher Finsternis, dass wir weder bei Tag die Sonne noch je bei Nacht den klaren Himmel sehen konnten.

Quo factum est, ut tantus in nobis incesserit timor, quod pene iam omnem vite spem abieceramus. In his autem tot tantisque procellis maris et celi placuit altissimo nobis coram monstrare continentem et novas regiones ignotumque mundum. Quibus visis tanto perfusi fuimus gaudio, quantum quisque cogitare potest solere his accidere, qui ex variis calamitatibus et adversa fortuna salutem consecuti sunt. Die autem septima[2] augusti millesimo quingentesimo primo in ipsarum regionum littoribus submisimus anchoras, gratias agentes deo nostro solemni supplicatione atque unius misse cantu cum celebritate. Ibi eam terram cognovimus non insulam, sed continentem esse, quia et longissimis producitur littoribus non ambientibus eam et infinitis habitatoribus repleta est. Nam in ea innumeras gentes et populos et omnium silvestrium animalium genera, que in nostris regionibus reperiuntur, invenimus et multa alia a nobis nunquam visa, de quibus singulis longum esset referre. Multa nobis dei clementia circumfulsit, quando illis regionibus applicuimus. Nam ligna defecerant et aqua paucisque diebus in mari vitam perferre poteramus. Ipsi honor et gloria et gratiarum actio.

3 Consilium cepimus navigandi secundum huius continentis littus versus orientem, nunquam illius aspectum relicturi. Moxque illud tam diu percurrimus, quod pervenimus ad unum angulum, ubi littus versuram faciebat ad meridiem. Et ab eo loco, ubi primum terram attigimus, usque ad hunc angulum fuerunt circa trecente leuce. In huius navigationis spatio pluries descendimus in terram et amicabiliter cum ea gente conversati fuimus, ut infra audies[3].

---

2 septima: Lesefehler des lat. Übersetzers.

3 In … audies: Interpolation des lat. Übersetzers.

Aus diesem Grund befiel uns so große Furcht, dass wir fast schon jede Hoffnung auf ein Überleben aufgegeben hatten. Doch inmitten all Aus dieser gewaltigen Stürme des Meeres und des Himmels gefiel es dem Herrn, uns recht voraus Festland zu zeigen, neue Regionen und eine unbekannte Welt. Nach dieser Sichtung wurden wir von solcher Freude durchdrungen, wie sich jeder denken kann, dass sie Menschen widerfahren muss, die aus mancherlei Katastrophen, zumal aus einem schweren Seesturm, Rettung fanden. Am siebzehnten August 1501 gingen wir dann vor der Küste dieses Landes vor Anker und dankten unserem Gott mit einem feierlichen Gebet und einem Messgesang unter großer Beteiligung der Mannschaft. Dort erkannten wir, dass dieses Land keine Insel, sondern ein Kontinent ist, da sich sowohl seine Küsten weithin erstrecken, ohne es jedoch zu umschließen, als auch das Land von unendlich vielen Einwohnern besiedelt ist. Denn wir fanden dort unzählige Stämme und Völker und alle Arten wilder Tiere, die auch in unseren Regionen vorkommen, aber auch viele andere, die wir noch nie gesehen hatten und über die im Einzelnen zu berichten zu weit ginge. Gottes große Milde umstrahlte uns, als wir in jener Hemisphäre landeten. Denn das Holz war uns schon ausgegangen und ebenso das Wasser, und wir hätten nur noch wenige Tage auf dem Meer überleben können. Ehre, Lobpreis und Dank sei Gott.

3 Wir fassten den Entschluss, die Küste dieses Kontinents in östliche Richtung entlangzusegeln, ohne sie dabei jemals aus der Sicht zu verlieren. Und so folgten wir ihr so lange, bis wir bald zu einem Kap gelangten, wo die Küste eine Wende nach Süden machte. Und von der Position, wo wir zum ersten Mal Land berührt hatten, bis zu diesem Kap waren es ungefähr 300 Meilen. [...][4]

---

4 *Athetierter Text*: Auf dieser Fahrt gingen wir mehrmals an Land und pflegten freundschaftlichen Umgang mit den Leuten, wie Ihr noch hören werdet.

Oblitus fueram tibi scribere, quod a promontorio capitis viridis usque ad principium illius continentis sunt circa septingente leuce, quamvis existimem nos navigasse plus quam mille octingentas, partim ignorantia locorum et naucleri, partim tempestatibus et ventis impedientibus nostrum rectum iter et impellentibus ad frequentes versuras. Quodsi ad me socii animum non adiecissent, cui nota erat cosmographia, nullus erat nauclerus seu dux navigationis, qui ad quingentas leucas nosceret, ubi essemus. Eramus enim vagi et errantes. Et instrumenta tantummodo altitudinum corporum celestium nobis ad amussim veritatem ostenderunt (et hi fuere quadrans et astrolabium, uti omnes cognovere). Hinc deinceps me omnes multo sunt honore prosecuti. Ostendi enim eis, quod sine cognitione marine charte navigandi disciplinam magis callebam quam omnes naucleri tocius orbis. Nam hi nullam habent notitiam nisi eorum locorum, que sepe navigaverunt. Ubi autem dictus angulus terre monstravit nobis versuram litoris ad meridiem, convenimus illud preternavigare et inquirere, quid in eis regionibus esset. Navigavimus autem secundum littus circa sexcentas leucas et sepe descendimus in terram et colloquebamur et conversabamur cum earum regionum colonis ab eisque fraterne recipiebamur et secum quandoque morabamur quindecim vel viginti dies continuos amicabiliter et hospitaliter, ut inferius intelliges. Nove istius continentis pars est in torrida zona ultra lineam equinoctialem versus polum antarcticum, nam eius principium incipit in viii gradu ultra ipsam equinoctialem. Secundum huius littus tam diu navigavimus, quod pretergresso capricorni tropico invenimus polum antarcticum illo eorum orizonte altiorem L gradibus fuimusque prope ipsius antarctici circulum ad gradus xvii semis.

Ich hatte vergessen, Euch zu schreiben, dass es vom Cabo Verde bis zu unserer ersten Landungsstelle auf jenem Kontinent ungefähr 700 Léguas sind, obwohl wir nach meiner Schätzung mehr als 1800 versegelt haben, teils wegen der Ungenauigkeit der Positionsbestimmung und der Unwissenheit des Navigators, teils weil die stürmischen Winde unseren geraden Kurs behinderten und uns zu zahlreichen Wenden zwangen. Und wenn sich die Gefährten nun nicht an mich gewendet hätten, der ich Kenntnisse in Kosmographie besaß, hätte es keinen Navigator oder Schiffsführer gegeben, der unsere Position auch nur auf 500 Léguas hätte bestimmen können. Denn wir waren vom Kurs abgekommen und irrten umher; und einzig die Instrumente (bekanntlich Quadrant und Astrolabium) lieferten uns exakt den Wert der Höhen der Himmelskörper. Dafür erwiesen mir dann der Reihe nach alle großen Respekt, denn ich führte ihnen vor, dass ich auch ohne die Kenntnis einer Seekarte mehr von Navigation verstand als alle Navigatoren der Welt. Denn diese können ihre Position nur dort bestimmen, wo sie schon oft gesegelt sind. Als uns nun das oben genannte Kap eine Wende der Küste nach Süden anzeigte, kamen wir überein, dieses zu passieren und zu erkunden, was es in jenen Gebieten gebe. Und so segelten wir ungefähr 600 Léguas die Küste entlang und gingen oft an Land. Dabei unterhielten wir uns mit den Einwohnern dieser Länder und wurden von ihnen wie Brüder empfangen und wohnten so manches Mal auch vierzehn oder zwanzig Tage bei ihnen, durchweg in freundschaftlicher und gastlicher Atmosphäre, wie Ihr noch hören werdet. Ein Stück dieses neuen Kontinents liegt in der verbrannten Zone südlich des Äquators, denn sein von Europa aus gesehen erster Teil befindet sich auf dem achten südlichen Breitengrad. Wir segelten seine Küste so weit entlang, bis wir nach dem Passieren des Wendekreises des Steinbocks den südlichen Himmelspol in einer Höhe von 50° über dem Horizont jener Hemisphäre sahen und also dem südlichen Polarkreis auf 17,5° nahe waren.

Et quid ibi viderim et cognoverim de natura illarum gentium deque earum moribus et tractabilitate, de fertilitate terre, de salubritate aeris, de dispositione celi corporibusque celestibus et maxime de stellis fixis viii sphere nunquam a maioribus nostris visis aut pertractatis, deinceps narrabo.

4 Primum igitur quoad gentes: Tantam in illis regionibus gentis multitudinem invenimus, quantam nemo dinumerare poterat (ut legitur in apocalipsi) – gentem, dico, mitem atque tractabilem. Omnes utriusque sexus incedunt nudi, nullam corporis partem operientes. Et uti ex ventre matris prodeunt, sic usque ad mortem vadunt. Corpora enim habent magna, quadrata, bene disposita ac proportionata et colore declinantia ad rubedinem. Quod eis accidere puto, quia nudi incedentes tingantur a sole. Habent et comam amplam et nigram. Sunt in incessu et ludis agiles et liberali atque venusta facie. Quam tamen ipsimet sibi destruunt. Perforant enim sibi genas et labra et nares et aures. Neque credas foramina illa esse parva aut, quod unum tantum habeant. Vidi enim nonnullos habentes in sola facie septem foramina, quorum quodlibet capax erat unius pruni. Obturant sibi hec foramina cum petris ceruleis, marmoreis, cristallinis et ex alabastro pulcherrimis et cum ossibus candidissimis et aliis rebus artificiose elaboratis secundum eorum usum. Quodsi videres rem tam insolitam et monstro similem – hominem scilicet habentem in genis solum et in labris septem petras, quarum nonnulle sunt longitudinis palmi semis – non sine admiratione esses. Sepe etenim consideravi et iudicavi septem tales petras esse ponderis unciarum sexdecim. Preter quod in singulis auribus trino foramine perforatis tenent alias petras pendentes in annulis. Et hic mos solus est virorum. Nam mulieres non perforant sibi faciem, sed aures tantum.

Was ich nun dort gesehen und über das Wesen jener Menschen erfahren habe, über ihre Sitten und ihre Freundlichkeit, über die Fruchtbarkeit des Landes, die Reinheit der Luft, über die Konstellationen, Himmelskörper und vor allem über die Fixsterne der achten Sphäre, welche die Alten weder jemals erblickt noch erforscht haben, will ich jetzt der Reihe nach berichten.

4 Zunächst also zu den Menschen: Wir fanden in jenen Regionen eine so große Menge Menschen, die niemand zählen konnte (wie es in der Apokalypse heißt) – und zwar Menschen, die sanft und umgänglich sind. Alle, beiderlei Geschlechts, laufen nackt umher, ohne irgendeinen Körperteil zu bedecken; und wie sie aus dem Leib der Mutter kommen, so gehen sie bis zu ihrem Tod. Ihre Leiber sind nämlich groß, athletisch, wohl proportioniert und neigen zu rötlicher Färbung. Dies geschieht ihnen – wie ich meine – darum, weil sie, während sie nackt umherlaufen, von der Sonne gerötet werden. Weiterhin haben sie langes und schwarzes Haar. Sie sind beim Laufen und bei Spielen flink und haben edle und anmutige Gesichtszüge, die sie sich allerdings selbst verunstalten. Denn sie durchbohren sich Wangen und Lippen sowie Nasen und Ohren. Und glaubt nicht, dass diese Löcher klein wären oder dass sie nur eines hätten! Ich sah nämlich einige, die allein schon im Gesicht sieben Löcher hatten, von denen jedes eine Pflaume fassen mochte. Sie verschließen diese Löcher mit blauen, marmornen und kristallenen Steinen sowie besonders schönen aus Alabaster und mit glänzend weißen Knochen und anderen nach ihrer Art kunstvoll gearbeiteten Stücken. Wenn Ihr nun diesen so ungewohnten und monströsen Brauch sehen könntet, nämlich dass ein Mensch allein in seinen Wangen und Lippen sieben Steine trägt, von denen einige eine halbe Handbreit lang sind, so würdet Ihr nicht wenig staunen. Außerdem habe ich oftmals geschätzt, dass sieben solche Steine ein Gewicht von sechzehn Unzen haben. Darüber hinaus tragen sie in jedem Ohr in je drei Löchern noch andere Steine, die an Ringen hängen. Aber dies ist nur der Brauch der Männer. Denn die Frauen durchbohren sich nicht das Gesicht, sondern bloß die Ohren.

Alius mos est apud eos satis enormis et preter omnem humanam credulitatem. Nam mulieres eorum, cum sint libidinose, faciunt intumescere maritorum inguina in tantam crassitudinem, ut deformia videantur et turpia; et hoc quodam earum artificio et mordicatione quorundam animalium venenosorum. Et huius rei causa multi eorum amittunt inguina, que illis ob defectum cure fracescunt, et restant eunuchi. Non habent pannos neque laneos neque lineos neque bombicinos (quia nec eis indigent) nec habent bona propria, sed omnia communia sunt. Vivunt simul sine rege, sine imperio, et unusquisque sibi ipsi dominus est. Tot uxores ducunt, quot volunt. Et filius coit cum matre et frater cum sorore et primus cum prima et obvius cum sibi obvia. Quotiens volunt, matrimonia dirimunt, et in his nullum servant ordinem. Preterea nullum habent templum et nullam tenent legem; neque sunt idolatre. Quid ultra dicam? Vivunt secundum naturam, et epicurei potius dici possunt quam stoici. Non sunt inter eos mercatores neque commercia rerum. Populi inter se bella gerunt sine arte, sine ordine. Seniores suis quibusdam contionibus iuvenes flectunt ad id, quod volunt, et ad bella incendunt, in quibus crudeliter se mutuo interficiunt. Et quos ex bello captivos ducunt, non eorum vite, sed sui victus causa occidendos servant. Nam alii alios et victores victos comedunt; et inter carnes humana est eis communis in cibis. Huius autem rei certior sis, quia iam visum est patrem comedisse filios et uxorem et ego hominem novi (quem et allocutus sum), qui plus quam ex trecentis humanis corporibus edisse vulgabatur.

Es gibt bei ihnen noch einen weiteren recht abartigen Brauch, der alle menschliche Vorstellungskraft übersteigt. Denn da ihre Frauen wollüstig sind, lassen sie das Gemächt ihrer Gatten zu solcher Dicke anschwellen, dass dieses entstellt und abscheulich aussieht; und dies bewirken die Frauen durch einen speziellen Trick, und zwar durch den Biss bestimmter giftiger Tiere. Und dadurch verlieren viele Männer dort ihr Gemächt, das ihnen in Ermangelung medizinischer Behandlung verkümmert, und so werden sie zu Eunuchen. Sie haben keine Tuche, weder aus Wolle noch aus Leinen noch aus Baumwolle (weil sie diese auch nicht benötigen), und sie besitzen keine persönlichen Güter, sondern alles gehört der Gemeinschaft. Sie leben ohne König zusammen, ohne Staat, und jeder ist sein eigener Herr. Sie nehmen so viele Frauen, wie sie wollen. Und der Sohn beschläft die Mutter und der Bruder die Schwester und der Cousin die Cousine und jeder Mann jede Frau, die sich ihm bietet. Sie lösen die Ehe, sooft sie wollen, und beachten in diesen Dingen keine Regel. Außerdem haben sie kein Gotteshaus und halten sich an keine Religion. Dennoch sind sie keine Götzendiener. Was kann ich mehr sagen? Sie leben nach der Natur und sind eher als Epikureer denn als Stoiker zu bezeichnen. Es gibt unter ihnen weder Kaufleute noch irgendeinen Handel. Ihre Stämme führen untereinander Krieg ohne Technik, ohne Taktik. Die Ältesten lenken bei ihrer Art Versammlungen die jungen Männer zu dem, was sie selbst beabsichtigen, und feuern sie zu Kriegen an, in denen sie einander grausam abschlachten. Und wen sie im Krieg gefangen nehmen, den behalten sie bei sich, freilich nicht um sein Leben zu schonen, sondern um ihn später zum Zwecke der eigenen Ernährung zu töten. Sie pflegen nämlich einander (und besonders die Sieger die Besiegten) aufzuessen, und Menschenfleisch ist bei ihnen eine allgemein übliche Speise. Auch mögt Ihr dieser Nachricht wohl Glauben schenken, denn man hat schon gesehen, dass ein Vater seine Kinder und sein Weib verspeiste; und ich selbst kenne einen Mann, mit dem ich auch gesprochen habe, über den man berichtete, er habe von mehr als dreihundert menschlichen Leibern gegessen.

Et item steti diebus viginti septem in urbe quadam, ubi vidi per domos humanam carnem salsam et contignationibus suspensam, uti apud nos moris est lardum suspendere et carnem suillam. Plus dico: Ipsi admirantur, cur nos non comedimus inimicos nostros et eorum carne non utimur in cibis, quam dicunt esse saporosissimam. Eorum arma sunt arcus et sagitte, et quando properant ad bella, nullam (sui tutandi gratia) corporis partem operiunt. Adeo sunt et in hoc bestiis similes. Nos, quantum potuimus, conati sumus eos dissuadere et ab his pravis moribus dimovere. Qui et se eos dimissuros nobis promiserunt. Mulieres (ut dixi) etsi nude incedant et libidinosissime sint, earum tamen corpora satis formosa et munda neque tam turpes sunt, quantum quis forsan existimare posset, quia (quoniam carnose sunt) minus apparet earum turpitudo, que scilicet pro maiori parte a bona corporature qualitate operta est. Mirum nobis visum est, quod inter eas nulla videbatur, que haberet ubera caduca. Et que parturierant, uteri forma et contractura nihil distinguebantur a virginibus; et in reliquis corporum partibus similia videbantur, que propter honestatem consulto pretereo. Quando se christianis iungere poterant, nimia libidine pulse omnem pudicitiam contaminabant atque prostituebant. Vivunt annis centum quinquaginta. Raro egrotant et, si quam adversam valetudinem incurrunt, se ipsos cum quibusdam herbarum radicibus sanant. Hec sunt, que notabiliora apud illos cognovi.

5 Aer ibi valde temperatus et bonus et, ut ex relatione illorum cognoscere potui, nunquam ibi pestis aut egrotatio aliqua, que a corrupto prodeat aere. Et, nisi morte violenta moriantur, longa vita vivunt.

Weiterhin war ich einmal siebenundzwanzig Tage in einer Stadt, wo ich in den Häusern das Menschenfleisch eingesalzen an den Balken hängen sah, genauso wie man bei uns den Speck aufhängt und das Schweinefleisch. Mehr noch: Diese Menschen wundern sich ihrerseits, warum wir unsere Feinde nicht verspeisen und deren Fleisch nicht für unsere Gerichte verwenden, wo es doch überaus schmackhaft sein soll, wie sie sagen. Ihre Waffen sind Pfeil und Bogen, und selbst wenn sie in den Krieg stürmen, bedecken sie dennoch keinen Körperteil, um sich zu schützen. So weit geht auch darin ihre Ähnlichkeit mit den Tieren. Wir haben unsererseits, so gut wir konnten, versucht, sie umzustimmen und von ihren üblen Bräuchen abzubringen. Und sie haben uns auch versprochen, diese aufzugeben. Obwohl ihre Frauen, wie ich schon sagte, nackt umherlaufen und überaus wollüstig sind, ist ihr Körper dennoch recht wohlgeformt und sauber, und sie wirken auch nicht so schamlos, wie man vielleicht meinen könnte, denn da die Frauen drall sind, kommt ihre Scham, die ja zum größten Teil von ihren wohlgenährten Formen verdeckt wird, weniger zum Vorschein. Auffällig war, dass unter diesen Frauen keine einzige zu sehen war, die schlaffe Brüste gehabt hätte. Auch diejenigen, die schon geboren hatten, unterschieden sich weder durch Formung noch durch Falten des Bauches von den Jungfrauen. Ähnliches galt auch für andere Körperteile, von denen ich anstandshalber schweigen will. Wann immer diese Frauen Gelegenheit hatten, sich mit Christen einzulassen, verletzten sie – von maßloser Wollust getrieben – jegliches Schamgefühl und boten sich feil. Die Menschen dort können hundertfünfzig Jahre alt werden. Sie sind selten krank, und wenn sie überhaupt einmal ein Leiden befällt, dann heilen sie sich mit bestimmten Kräuterwurzeln selbst. Dies sind die wichtigsten Dinge, die ich, als ich unter ihnen lebte, in Erfahrung gebracht habe.

5 Das Klima ist dort sehr gemäßigt und gesund, und es gibt dort, wie ich aus den Berichten der Menschen erfahren konnte, niemals irgendeine Pest oder Epidemie, die von verseuchter Luft übertragen würde. Und so leben sie, wenn sie nicht eines gewaltsamen Todes sterben, ein langes Leben;

Credo, quia ibi semper perflant venti australes et maxime, quem nos eurum vocamus. Qui talis est illis, qualis nobis est aquilo. Sunt studiosi piscature. Et illud mare piscosum est et omni genere piscium copiosum. Non sunt venatores. Puto, quia, cum ibi sint multa animalium silvestrium genera (et maxime leonum et ursorum et innumerabilium serpentum aliarumque horridarum atque deformium bestiarum) et etiam cum ibi longe lateque pateant silve et immense magnitudinis arbores, non audent nudi atque sine tegminibus et armis tantis se discriminibus exponere.

6 Regionum illarum terra valde fertilis est et amena multisque collibus et montibus et infinitis vallibus atque maximis fluminibus abundans et salubribus fontibus irrigua et latissimis silvis et densis vixque penetrabilibus omnique ferarum genere plenis copiosa. Arbores maxime ibi sine cultore proveniunt. Quarum multe fructus faciunt gustui delectabiles et humanis corporibus utiles, nonnulle vero contra. Et nulli fructus ibi his nostris sunt similes. Gignuntur etiam ibi innumerabilia genera herbarum et radicum, ex quibus panem conficiunt et optima pulmentaria. Habent et multa semina his nostris omnino dissimilia. Nulla ibi metallorum genera habent preter auri, cuius regiones ille exuberant (licet nihil ex eo nobiscum attulerimus in hac prima nostra navigatione). Id nobis notum fecere incole, qui affirmabant in mediterraneis magnam esse auri copiam et nihil ab eis estimari vel in pretio haberi. Abundant margaritis, uti alias tibi scripsi. Si singula, que ibi sunt, commemorare et de numerosis animalium generibus eorumque multitudine scribere vellem, res esset omnino prolixa et immensa.

und zwar, wie ich glaube, deshalb, weil dort immer südliche Winde wehen und besonders der, den wir Schirokko nennen. Und dieser Wind hat für jene dieselbe Bedeutung, wie für uns die Bora. Sie sind fleißige Fischer. Und jenes Meer ist auch wirklich fischreich und voll von Meerestieren jeder Art. Sie sind keine Jäger; und zwar, wie ich meine, darum, weil es dort viele Arten wilder Tiere gibt (besonders Löwen, Bären, zahlreiche Schlangen und noch andere grausige und hässliche Bestien), und auch weil sich die Wälder dort weithin in jede Richtung erstrecken mit Bäumen von gewaltiger Größe und sie es deshalb nicht wagen, sich nackt, ungeschützt und ohne Waffen so großen Gefahren auszusetzen.

6 Der Boden jener Gebiete ist sehr fruchtbar, und die Landschaft ist lieblich. Das Land ist überreich an Hügeln, Bergen, endlosen Tälern und gewaltigen Flüssen, es wird von gesunden Quellen bewässert und ist mit weiten, dichten und nahezu undurchdringlichen Wäldern gesegnet, die von Wild jeder Art voll sind. Die mächtigsten Bäume gedeihen dort ohne Pflege, und viele von ihnen bringen Früchte hervor, die sowohl köstlich im Geschmack als auch für den menschlichen Körper zuträglich sind. Für manche gilt allerdings das Gegenteil. Und es gibt dort keine Früchte, die den unsrigen hier ähnlich wären. Dort wachsen auch unzählige Arten von Kräutern und Wurzeln, aus denen sie Brot und hervorragende Breie herstellen. Sie haben auch viele Sorten Körner, die von den unsrigen hier völlig verschieden sind. Metalle haben sie dort keine außer Gold, das in jenen Regionen im Überfluss vorhanden ist (auch wenn wir auf dieser ersten Erkundungsfahrt nichts mitgenommen haben). Davon haben uns die Einwohner in Kenntnis gesetzt, die behaupteten, dass es im Landesinneren eine große Menge Goldes gäbe, dieses aber von ihnen selbst in keiner Weise geschätzt oder für wertvoll erachtet werde. Perlen gibt es in Fülle, wie ich Euch an anderer Stelle schon geschrieben habe. Wenn ich im Einzelnen alles, was es hier gibt, berichten und über die Tierarten und ihre unzählbare Menge schreiben wollte, wäre dies ein weitschweifiges und unabsehbares Unterfangen.

Et certe credo, quod Plinius noster millesimam partem non attigerit generis psitacorum, reliquarum avium necnon et animalium, que in iisdem regionibus sunt cum tanta facierum atque colorum diversitate, quod consummate picture artifex policletus in pingendis illis deficeret. Omnes arbores ibi sunt odorate; et singule ex se gignunt[5] vel oleum vel liquorem aliquem emittunt. Quorum proprietates si nobis note essent, non dubito, quin humanis corporibus saluti forent. Et certe, si paradisus terrestris in aliqua sit terre parte, non longe ab illis regionibus distare existimo. Quarum situs, ut dixi, est ad meridiem in tanta aeris temperie, quod ibi neque hiemes gelide neque estates fervide unquam habentur.

7 Celum et aer a maxima parte anni serena sunt et crassis vaporibus inania. Pluvie ibi minutim decidunt et tribus vel quatuor horis durant atque ad instar nimbi evanescunt. Celum speciosissimis signis et figuris ornatum est. In quo annotavi stellas circiter viginti tante claritatis, quante aliquando vidimus Venerem et Jovem. Harum et motus et circuitiones consideravi earumque peripherias et diametros geometricis methodis dimensus fui easque maioris magnitudinis esse deprehendi. Vidi in eo celo tres canopos, duos quidem claros, tertium obscurum. Polus antarcticus non est figuratus cum ursa maiore et minore, ut hic noster videtur arcticus, nec iuxta eum conspicitur aliqua clara stella. Et ex his, que circum eum breviore circuitu feruntur, tres sunt habentes trigoni orthogoni schema, quarum dimidia peripherie diametrus gradus habet novem semis. Cum his orientibus a leva conspicitur unus canopus albus eximie magnitudinis.

5 *gignunt* F; Gummi A.

Und ich glaube, dass unser Plinius sicher nicht einmal den tausendsten Teil von der Familie der Papageien sowie der übrigen Vögel und Tiere erfasst hat, die alle in diesen Regionen in so großer Vielfalt an Formen und Farben vorkommen, dass selbst ein vollendeter Meister der Malerei wie Polyklet bei dem Versuch, diese zu malen, scheitern müsste. Die Bäume dort sind alle wohlriechend, und jeder einzelne bringt entweder ein Öl hervor oder sondert irgendeinen Balsam ab. Wenn uns deren Eigenschaften bekannt wären, so zweifle ich nicht, dass diese Substanzen der Gesundheit des Menschen dienen könnten. Und sollte es tatsächlich in irgendeinem Teil der Erde das irdische Paradies geben, so glaube ich, dass es sicher nicht weit von jenen Regionen entfernt ist; und diese liegen, wie ich schon sagte, auf der südlichen Halbkugel in einem derart gemäßigten Klima, dass man dort weder jemals eisige Winter noch glühende Sommer hat.

7 Der Himmel ist den größten Teil des Jahres heiter, und die Luft ist von schweren Dünsten frei. Regen fällt dort häufig und dauert drei oder vier Stunden, lichtet sich dann aber wie ein Schauer. Den Himmel zieren wunderschöne Sternzeichen und Bilder. Ich habe ungefähr zwanzig Sterne von so großer Helligkeit verzeichnet, wie wir sie bisweilen bei Venus und Jupiter sehen. Ihre Bewegungen und Bahnen habe ich beobachtet, ihren Umfang und Durchmesser nach geometrischen Methoden vermessen und festgestellt, dass es sich bei ihnen um Sterne erster Größe handelt. Ich sah an diesem Himmel drei Kanopen, zwei davon strahlend hell, den dritten dunkel. Der südliche Himmelspol ist weder mit einem Sternbild gekennzeichnet, wie unser nördlicher Pol mit Großem und Kleinem Bären, noch kann man in seiner Nähe irgendeinen hellen Stern beobachten. Von denen, die auf der kürzesten Bahn um ihn kreisen, bilden drei die Form eines rechtwinkeligen Dreiecks. Der Radius ihres Umkreises beträgt 9,5°. Bei ihrem Aufgang ist links von ihnen ein einzelner weißer Kanopus von außergewöhnlicher Größe zu sehen.

Que cum ad medium celum perveniunt hanc habent figuram:

```
                              ss
*                           ssss
                           ssssss     Canopus
                            ssss

*                             *
```

8 Post has veniunt alie due, quarum dimidia peripherie diametrus gradus habet duodecim semis, et cum eis conspicitur alius canopus albus. His succedunt alie sex stelle formosissime et clarissime inter omnes alias octave sphere, que in firmamenti superficie dimidiam habent peripherie diametrum graduum triginta duorum. Cum his pervolat unus canopus niger immense magnitudinis. Conspiciuntur in via lactea et huiusmodi figuram habent, quando sunt in meridionali linea:

```
                                   *
*    *    *        ss                      Canopus
                  ssss                        *
                 ssssss
                  ssss
                                   *
```

9 Multas alias stellas pulcherrimas cognovi, quaram motus diligenter annotavi et pulcherrime in quodam meo libello graphice descripsi in hac mea navigatione. Hunc autem impresentiarum tenet hic serenissimus rex, quem mihi restituturum spero. In illo hemisperio vidi res philosophorum rationibus non consentientes.

Bei Meridiandurchgang zeigen sie folgendes Bild:

ss

* ssss

ssssss Canopus

ssss

* *

8 Hinter diesen gehen zwei weitere Sterne auf, deren Radius 12,5° beträgt. Und auch gemeinsam mit diesem Sternbild ist ein weiterer weißer Kanopus zu sehen. Diesen folgen sechs weitere Sterne – es sind die prächtigsten und strahlendsten von allen Sternen der achten Sphäre – und sie haben auf der Oberfläche des Firmaments einen Radius von 32°. Mit ihnen zieht ein einzelner dunkler Kanopus von ungeheurer Größe. Diese Sterne sind in der Milchstraße zu sehen und zeigen folgendes Bild bei ihrem Meridiandurchgang.

*

* * * ss Canopus

ssss *

ssssss

ssss

*

9 Ich entdeckte noch viele andere wunderschöne Sterne, deren Bewegungen ich auf dieser meiner Seefahrt sorgfältig vermerkt und in einem Büchlein sauber nachgezeichnet habe. Dieses befindet sich allerdings derzeit noch im Besitz des durchlauchtigsten Königs von Portugal, von dem ich aber eine baldige Rückgabe des Büchleins erhoffe. Auf der südlichen Halbkugel habe ich Dinge gesehen, die mit den Theorien der Philosophen nicht in Einklang stehen.

Iris alba circa mediam noctem bis visa est, non solum a me, sed etiam ab omnibus nautis. Similiter pluries novam lunam vidimus eo die, quo soli coniungebatur. Singulis noctibus in illa celi parte discurrunt innumeri vapores et ardentes faces. Dixi paulo ante: »in illo hemisperio«, quod tamen proprie loquendo non est ad plenum hemisperium respectu nostri. Quia tamen accedit ad huiusmodi formam, sic illud appellari licuit.

10 Igitur (ut dixi) ab olysippo, unde digressi sumus, quod ab linea equinoctiali distat gradibus triginta novem semis, navigavimus ultra lineam equinoctialem per quinquaginta gradus, qui simul iuncti efficiunt gradus circiter nonaginta. Que summa cum quartam partem obtineat summi circuli secundum veram mensure rationem ab antiquis nobis traditam, manifestum est nos navigasse quartam mundi partem. Et hac ratione nos (olysippum habitantes citra lineam equinoctialem gradu trigesimo nono semis in latitudine septentrionali) sumus ad illos, qui gradu quinquagesimo habitant ultra eandem lineam in meridionali latitudine, angulariter gradus quinque[6] in linea transversali. Et ut clarius intelligas: Perpendicularis linea, que, dum recti stamus, a puncto celi imminente vertici nostro dependet in caput nostrum, illis dependet in latus et in costas. Quo fit, ut nos simus in linea recta, ipsi vero in linea transversa et species fiat trianguli orthogoni, cuius vicem linee tenemus cathete, ipsi autem basis; et hypotenusa a nostro ad illorum protenditur verticem, ut in figura patet. Et hec de cosmographia dicta sufficiant.

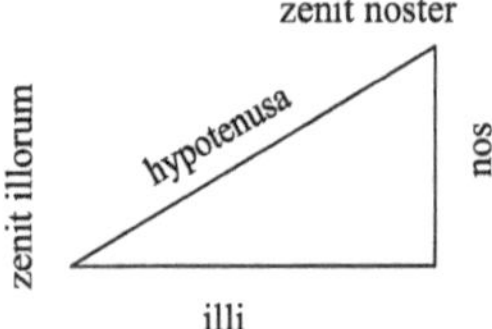

6 quinque: Lesefehler des lat. Übersetzers.

Zweimal wurde um Mitternacht ein weißer Regenbogen beobachtet, und zwar nicht bloß von mir, sondern auch von allen Seeleuten. Ebenso konnten wir mehrfach den Neumond sehen, und das immer gerade an dem Tag, an dem er in Konjunktion mit der Sonne stand. Und jede Nacht schießen unzählige Dünste und funkelnde Lichter über jenen Teil des Himmels. Ich sagte eben: »auf der südlichen Halbkugel«, obwohl diese genau genommen keine vollständige Halbkugel bildet, wenn man sie der unseren gegenüberstellt. Da sie sich jedoch einer solchen Form annähert, war es angebracht, sie so zu bezeichnen.

10 Und so sind wir denn, wie ich Euch berichtet habe, von Lissabon, woher wir aufgebrochen waren und das 39,5° nördlich des Äquators liegt, bis 50° südlich des Äquators gesegelt; addiert man nun diese Grade, erhält man ungefähr 90°. Da nun die Summe dieser Werte (gemäß der uns von alters her überlieferten, zuverlässigen Einteilung in Graden) den vierten Teil eines ganzen Kreises ausmacht, zeigt sich, dass wir ein Viertel der Welt durchfahren haben. Und nach dieser Rechnung stehen wir, die hier in Lissabon bei 39,5° nördlich des Äquators wohnen, zu den Menschen, die dort bei 50° südlich des Äquators leben, in einem Winkel von 90° auf der Waagrechten. Und zu Eurem besseren Verständnis: Die Lotrechte, die, wenn wir aufrecht stehen, von jenem Punkt des Himmels ausgehend, der genau über unserem Scheitel liegt, auf unseren Kopf trifft, trifft die Menschen dort in der Seite und im Rücken. Dadurch befinden wir uns auf der Lotrechten, jene aber auf der Waagrechten; und so entsteht die Figur eines rechtwinkeligen Dreiecks, wobei wir die Kathete, sie aber die Basis darstellen und die Hypotenuse von unserem zu ihrem Zenit gezogen wird, wie in der Zeichnung deutlich wird. Und damit genug der Kosmographie.

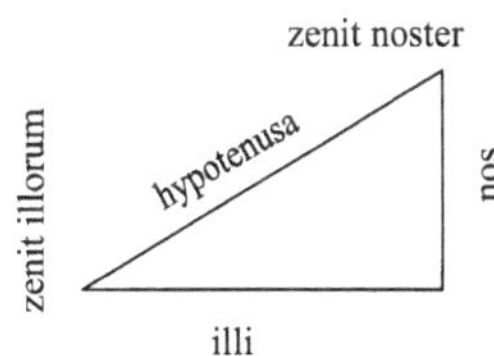

11 Hec fuerunt notabiliora, que viderim in hac mea ultima navigatione, quam appello diem tertium. Nam alii duo dies fuerunt due alie navigationes, quas ex mandato serenissimi hispaniarum regis feci versus occidentem. In quibus annotavi miranda ab illo sublimi omnium creatore, deo nostro, perfecta. Rerum notabilium diarium feci, ut, si quando mihi ocium dabitur, possim omnia hec singularia atque mirabilia colligere et vel geographie vel cosmographie librum conscribere, ut mei recordatio apud posteros vivat et omnipotentis dei cognoscatur tam immensum artificium in parte priscis ignotum, nobis autem cognitum. Oro itaque clementissimum deum, quod mihi dies vite proroget, ut cum sua bona gratia atque anime salute huius mee voluntatis optimam dispositionem perficere possim. Alios duos dies in sanctuariis meis servo et, restituente mihi hoc serenissimo rege diem tertium, patriam et quietem repetere conabor, ubi et cum peritis conferre et ab amicis ad id opus perficiendum confortari et adiuvari valeam.

12 A te veniam posco, si nunc ultimam hanc meam navigationem seu potius ultimum diem tibi non transmisi, uti postremis meis litteris tibi pollicitus fueram.

11 Dies waren nun die wichtigsten Dinge, die ich auf meiner letzten Seefahrt erlebt habe. Ich nenne sie »die Dritte Expedition«. Die beiden anderen Expeditionen waren zwei frühere Seefahrten, die ich im Auftrag des durchlauchtigsten Königs von Spanien nach Westen unternommen habe. Auf diesen Reisen habe ich die wundersamen Werke aufgezeichnet, die von dem erhabenen Schöpfer aller Menschen, unserem Gott, geschaffen wurden. Und so habe ich ein Journal über alles Außergewöhnliche angelegt, um, wenn ich einmal Muße finde, all diese einzigartigen und wunderbaren Dinge zusammenfassen und ein geographisches oder kosmographisches Werk schreiben zu können, auf dass mein Andenken in der Nachwelt weiterlebe und das unermessliche Meisterwerk des allmächtigen Gottes erkannt werde, das den Menschen der Antike zum Teil unbekannt war, von uns jedoch entdeckt wurde. Und so bete ich zu dem barmherzigen Gott, dass er mir noch die Jahre schenke, damit ich mit seiner Gnade und zu meinem Seelenheil diese überaus sinnvollen Pläne verwirklichen kann. Die Journale der beiden früheren Expeditionen bewahre ich in meinem Geheimarchiv auf, und sobald mir der durchlauchtigste König hier das Journal der dritten Expedition wiedergibt, will ich versuchen, in die Ruhe meiner Heimat zurückzukehren, um dort die Möglichkeit zu finden, mich mit Gelehrten auszutauschen und bei der Abfassung meines Werkes von Freunden bestärkt und unterstützt zu werden.

12 Euch bitte ich um Vergebung, wenn ich Euch das Journal dieser meiner letzten Seefahrt oder besser Expedition nicht schon jetzt übersendet habe, wie ich Euch in meinem letzten Brief versprochen hatte.

Causam nosti, quando necdum ab hoc serenissimo rege archetypum habere potui. Mecum cogito adhuc efficere quartum diem et hoc pertracto. Et iam mihi duarum navium cum suis armamentis promissio facta est, ut ad perquirendas novas regiones versus meridiem a latere orientis me accingam per ventum, qui africus dicitur. In quo die multa cogito efficere in dei laudem et huius regni utilitatem et senectutis mee honorem. Et nihil aliud exspecto nisi huius serenissimi regis consensum. Deus id permittat, quod melius est. Quid fiet, intelliges.

13 Ex italica in latinam linguam iocundus interpres hanc epistolam vertit, ut latini omnes intelligant, quam multa miranda in dies reperiantur, et eorum comprimatur audacia, qui celum et maiestatem scrutari et plus sapere, quam liceat sapere, volunt, quando a tanto tempore, quo mundus cepit, ignota sit vastitas terre et que contineantur in ea.

Magister johannes otmar vindelice impressit Auguste
Anno millesimo quingentesimo quarto.

Der Grund ist Euch bekannt, wo ich doch von dem hiesigen durchlauchtigsten König noch nicht einmal mein Originalmanuskript bekommen konnte. Ich erwäge bei mir, noch eine vierte Expedition zu unternehmen, und bin dabei, dieses Vorhaben zu betreiben. Und man hat mir auch schon zwei Schiffe mit entsprechendem Rigg versprochen, auf dass ich mich zur Erforschung neuer Regionen der südlichen Hemisphäre, diesmal von östlicher Seite, aufmache und dem Wind folge, den man Libeccio nennt. Auf dieser Expedition plane ich vieles zur Ehre Gottes, zum Nutzen dieses Königreichs und zum Ruhm meines Alters zu vollbringen. Und ich warte dazu nur noch auf die Zustimmung des durchlauchtigsten Königs. Lasse Gott geschehen, was das Beste ist. Ihr werdet von den künftigen Ereignissen erfahren.

13 Dieser Brief wurde von Giovanni del Giocondo aus dem Italienischen ins Lateinische gebracht, auf dass alle Gelehrten vernehmen, wie viele Wunder nun täglich entdeckt werden, und der Hochmut derer gebändigt werde, die des Himmels Erhabenheit ergründen und mehr wissen wollen, als uns zu wissen gewährt ist, wo doch selbst nach all der Zeit, die seit dem Anbeginn der Welt vergangen ist, die Weite der Erde und die Dinge, die sie in sich birgt, immer noch unbekannt sind.

Gedruckt bei Meister Johann Otmar zu Augsburg
im Jahre 1504.

Allerälteste
Nachricht
von der
Neuen Welt
Welche
Deren Erfinder
AMERICUS VESPUTIUS
FLORENTINUS
ehemahls ertheilet
Voritzo
aus einem alten und raren Exemplar
Zum
Neuen Abdruck
befördert
von
MART. FRIDER. VOSSIO
Pastore in Tauche.

BERLIN
Bey Christoph Gottlieb NICOLAI
1722.

Martin Friedrich Vossius: „Allerälteste Nachricht von der Neuen Welt Welche Deren Erfinder Americus Vesputius Florentinus ehemahls ertheilet". Berlin: Nicolai 1722

Die vier Seefahrten

Amerigo Vespucci kam bereits zu Beginn des 16. Jahrhunderts zu hohem Ansehen. Seine zahlreichen Publikationen in verschiedenen europäischen Sprachen machten ihn rasch sehr bekannt. Derartige publizistische Erfolge konnte Christoph Kolumbus hingegen nicht vorweisen. Vespuccis Schriften zeigen trotz vieler Widersprüche einfühlsame Schilderungen von Eingeborenenkulturen, von der Tier- und Pflanzenwelt des entdeckten Neuen Kontinents. Für geschichts- und völkerkundliche Forschungen sind seine Briefe und Berichte noch heute bedeutungsvoll.

Um einen Einblick in seine Schilderungen zu geben, werden im folgenden alle vier Reisen wiedergegeben – unbeeinflusst von der Diskussion über deren Wahrheitsgehalt.

Eva Michels-Schwarz u. Uwe Schwarz (1992/1998)

Dem Allerdurchlauchtesten Renato, König zu Jerusalem und Sizilien / Herzog von Lothringen und Bayern, entbietet Amerigo Vespucci sein schuldiges Ehrerbieten und demütiges Befehlen

Allerdurchlauchtester König. Es verwundern sich vielleicht Eure Majestät über diesen Frevel, dass ich es wage, einen solch langen Brief an Euch zu schreiben, wo ich doch weiß, wie fleißig Ihr seid in emsigen Geschäften des Gemeinnutzens. Aber die Zuversicht, die ich Euren Tugenden entgegenbringe, und die Wahrheit der Dinge, die weder von den Alten noch den Neuen beschrieben sind, werden mich (wie ich hoffe) bei Euch entschuldigen. Mich hat auch zuvorderst Euer Diener Benevenutus zu schreiben gereizt, der diesen Brief bringt. Da mich derselbe zu Blisbona [Lissabon] fand, so bat er mich fleißig, dass ich Eure Majestät sollte teilhaftig machen an jenen Dingen, die ich in vier Schifffahrten erkundet hatte. Denn ich bin vier Mal ausgefahren, neues Land zu erforschen. Zwei Mal bin ich auf Befehl des hochlöblichen Ferdinand, König zu Kastilien, ausgefahren gegen Niedergang [Westen], und zweimal auf Geheiß Emanuels, König von Portugal, gegen Mittag [Süden] zu. Deshalb habe ich mich der Arbeit angenommen, hoffend, Eure Majestät werde mich unter ihren Dienern auch erkennen, wenn sie die freundliche Gesellschaft bedenken wird, die wir in der Jugend miteinander gehabt haben, als wir die Grammatik miteinander lernten unter dem frommen und geistlichen Bruder von Sankt Marc, der in Leben und Lehre bewährt war, und unter Georgio Anthonio Vesputio, meiner Mutter Bruder. Und wollte Gott, ich hätte in meiner Mutter Bruders Fußstapfen nachfolgen wollen, so wäre ich ohne Zweifel ein anderer Mann als ich bin, wie auch Petrarcha[7] sagt. Doch wie es ist, so reut es mich nicht, dass ich der bin, der ich bin. Denn ich habe allwegs zu Tugend und Kunst eine Lust gehabt. Wenn Euch aber diese Beschreibungen gar nicht gefallen mögen, so muss ich sagen, wie Plinius zum Mecenaten[8] schreibt: Hast du etwa Lust zu meinen Spottreden? Wiewohl aber Eure Majestät ohne Ende in Geschäften des gemeinen Nutzens bemüht ist, so mögt Ihr dennoch ein wenig Zeit erübrigen, damit Ihr diese (wiewohl lächerlichen Dinge) lest. Denn es wird Euch Freude machen wegen seiner Neuigkeiten. Ihr werdet an diesem meinem Scheiben nicht wenig Ergötzliches haben, nach den Sorgen und Bedenken anderer Geschäfte: Gleich wie es der Fenchel tut, wenn man ihn auf eine andere Speise isst, so gibt er ihnen auch einen guten Geschmack und bessert die Verdauung. Wo ich aber viel zu ausführlich sein werde, bitte ich, es mir zu vergeben. Gehabt Euch wohl.

Hochlöblicher König! Es sei Eurer Majestät kundgetan, dass ich zum Ersten wegen Kaufmannsgeschäften in dieses Land gekommen bin. Und als ich in diesen Dingen vier Jahre lang geschäftig gewesen war und mancherlei Veränderungen des Glücks sah und merkte, wie die vergänglichen Güter den Menschen eine Zeit lang emporbrachten, auf dass sie denjenigen hernach desto tiefer niederwarfen, der viel gehabt hat: da nahm ich mir vor, nachdem ich viel und mancherlei durch Zufall erstritten hatte, solche Geschäfte zu unterlassen und das Ziel meiner Arbeit auf löbliche und standfeste

7 Petrarcha = Petrarca: italienischer Dichter und Gelehrter.
8 Mecenat = nach dem Römer Maecenas: Kunstfreund, freigebiger Gönner.

Dinge zu setzen. So schickte ich mich an mancherlei Orte der Welt, um dort wunderliche Dinge zu sehen. Da ließ der König Ferdinand von Kastilien vier Schiffe rüsten, die das neue Land gegen Niedergang suchen sollten, und zu derselben Gesellschaft erwählte mich seine Herrlichkeit. Also fuhren wir aus am zwanzigsten Tag des Mai anno 1497 von dem Port [Hafen] Galiciens und nahmen unseren Weg durch den großen Büsam des hohen Meeres. Auf dieser Fahrt sind wir 18 Monate aus gewesen und fanden viel festes Land und unzählbare Inseln, die fast alle bewohnt waren, was unsere Alten nicht gedacht haben. Darum glauben wir auch, sie haben nichts davon gewusst. Und trügt mich nicht mein Sinn, so habe ich gelesen, dass sie im Glauben gewesen waren, das Meer sei gar leer und ohne Menschen. Dieser Meinung ist auch der Poet Dante gewesen, als er im achtzehnten Kapitel von der Hölle schreibt und Ulysses'[9] Tod gedenkt.

Was ich aber für wunderliche Dinge gesehen habe, das werden Eure Majestät hernach vernehmen.

9 Ulisses = Ulixes: lat. Name des Odysseus.

Die erste Seefahrt (1497)

Im Jahr 1497 nach der Geburt Christi, am zwanzigsten Tage des Mai, fuhren wir ab vom Port Galiciae mit vier Lastschiffen und kamen zuerst an die glückhaften Inseln, nun Groß Canaria [Gran Canaria] genannt, am Ende des bewohnten Erdreichs gegen Niedergang. Sie liegen im dritten Klima, und der Polus erhebt sich daselbst 27 und zwei Drittel eines Grades. Sie liegen von der Stadt Lissabon, wo dies Buch geschrieben ist, 280 Leucken[10] entfernt. Dahin kamen wir mit den Winden zwischen Süden und Nordwesten. Daselbst versahen wir uns mit Holz und Wasser samt anderen notwendigen Dingen, und als wir dort acht Tage verbracht hatten, befahlen wir uns Gott, fingen unsere Reise von hier an mit aufgespannten Segeln und fuhren mit Westwind nach Nordwesten. Ehe wir 27 Tage gefahren waren, kamen wir an ein Land, das schien unbewohnt und liegt von Groß Canaria 1000 Leucken entfernt. Das merkten wir daran, dass sich der mitternächtliche Polus dort auf *16* Grad erhebt. Es liegt 75 Grad mehr gegen Niedergang als die Inseln von Groß Canaria, und so zeigten es alle Instrumente. Daselbst warfen wir die Anker vorn zum Schiff heraus und befestigten unsere Schiffe anderthalb Leucken vom Gestade und schickten etliche Schifflein, mit Leuten gerüstet, ab; mit denselben kamen wir an das Land, und sobald wir dahin kamen, da sahen wir unzählbar nackendes Volk an dem Gestade. Sie sahen aus, als ob sie sich über uns entsetzten, vielleicht darum, weil sie uns bekleidet sahen und wir von anderer Farbe waren als sie. Als sie uns ankommen sahen, flohen sie alle auf den nächsten

10 Leucken = Längenmaß, 1 leuca = ca. 2,2 Kilometer.

Berg. Von dort konnten wir sie weder mit Winken noch Deuten, noch einigen Zeichen der Freundschaft bewegen, dass sie zu uns kämen.

Aber als die Nacht hereinbrach, standen unsere Schiffe an keinem sicheren Ort. Da kamen wir wieder zusammen, auf dass wir uns am Morgen von dannen machten, um einen sicheren Port für unsere Schiffe zu suchen. Als wir das beraten hatten, segelten wir mit dem Wind, der sich am Gebirge erhob, stets am Lande hin, weil wir das Volk herbeirufen wollten, und fuhren also zwei ganze Tage. Da fanden wir einen sehr bequemen Port für unsere Schiffe. Daselbst blieben wir nicht mehr als eine halbe Leucke vom trockenen Land, als wir eine unzählbare Menge Volk erblickten, welches wir zu besichtigen und anzusprechen begehrten. Wir kamen am selben Tage mit unseren Schifflein an das Gestade und gingen auf das Land hinaus in einer Ordnung von 40 Mann; doch immer entwich das Volk unserer Gemeinschaft, sodass wir sie auf keinem Wege zum Gespräch bewegen mochten, bis auf etliche wenige, die zu uns kamen. Denen gaben wir Schellen, Spiegel und Kristalle, Gläslein und dergleichen schlichte Dinge. Da wir sie in Sicherheit wiegten, kamen sie und handelten mit uns um Frieden. Als aber die Nacht hereinbrach, da verließen wir sie, gingen wieder in unsere Schiffe und ließen sie auf dem Lande zurück.

Früh am anderen Morgen sahen wir aber eine unzählbare Menge von Männern und Weibern, die ihre Kinder mit an das Gestade führten. Da sahen wir, dass dasselbe Volk all seinen Hausrat bei sich hatte. Wie dieser beschaffen war, das wird hernach gezeigt. Sobald wir uns dem Lande näherten, stürzten viele von ihnen in das Meer. Sie konnten wohl schwimmen und kamen uns auf Armbrustschussweite entgegen. Sie empfingen uns freundlich und mischten sich unter uns mit solchem Vertrauen und solcher Sicherheit, als hätten sie lange Zeit bei uns gewohnt und mit uns gehandelt. Dies war uns sehr angenehm. Von den Sitten, die wir

Amerigo Vespucci

bei ihnen gesehen haben, und wie sich dort alles zuträgt, davon wollen wir im Folgenden etwas zeigen.

So viel nun ihr Leben und ihre Sitten betrifft, so gehen sie alle nackend, sowohl Mann als auch Weib, und bedecken ihre Scham nicht mehr, so sie aus dem Mutterleib kommen. Sie sind von einer ziemlichen Größe und bestens proportioniert. Ihr Fleisch ist rotfarben wie eines Löwen Haut, und es ist glaubhaft: wenn sie wie wir gekleidet gingen, so würden sie gar weiß. Sie haben kein Haar an ihrem Leibe, außer auf dem Haupt. Dort haben sie viel und fast schwarzes, besonders die Frauen, die solch dickes, schwarzes Haar hübsch macht; von Angesicht sind sie nicht so schön, denn sie haben ein breites Gesicht, wie man es bei den Tataren sieht, keine Augenbrauen oder anderes Haar, sondern nur das, welches auf dem Haupt wächst. Alle anderen Haare halten sie für ein viehisches Ding.

Alle beide, Mann und Weib, sind beim Gehen und Laufen leichtfüßig und schnell; es ist für ein Weib eine Kleinigkeit, soll sie zwei Leucken hintereinander laufen. In dem übertreffen sie uns Christen sehr. Sie schwimmen so behände und weit, dass es einen verwundert, und darin übertreffen die Weiber den Mann, wie wir oft sahen, als wir etwa ein Weib zwei Leucken im Meer haben schwimmen gesehen ohne jeden Aufenthalt.

Ihre Waffen sind Bogen und Pfeil, die sie sehr säuberlich machen. Sie haben weder Eisen noch anderes Metall, aber dafür machen sie Fischzähne an die Pfeile, und damit sie desto stärker werden, brennen sie die Pfeile vorne. Sie sind so aufrechte und gewissenhafte Schützen, dass sie kein Ziel verfehlen. Man findet auch Weiber dort, die zum Schießen Fertigkeit besitzen. Sie haben auch andere Waffen, wie Spieße, scharfe Pfeile und Kolben, die wunderlich gearbeitete Köpfe haben.

Sie führen Krieg mit ihren Nachbarn, die eine andere Sprache sprechen, und diese schonen sie nicht. Sie wollen sie zu noch gräulicherer Pein behalten. Wenn sie in den Krieg ziehen, so führen sie ihre Weiber mit sich, die nicht kämpfen müssen, aber nötig sind für das, was hinterherzutragen ist.

Dann vermag ein Weib mehr auf den Rücken zu laden und 30 oder 40 Leucken zu tragen, als ein starker Mann vom Erdreich aufheben möchte. Sie haben im Kriege weder Hauptleute noch Oberste, denn es ist ein jeder sein Herr, und ohne Ordnung ziehen sie dahin. Niemand kämpft dort, dass er herrsche, sein Land erweitere oder auch sonst um eines üppigen Dinges willen, es sei denn aus altem Neid und aus Feindschaft, die ihnen angeboren ist. Und wenn sie nach der Ursache der Feindschaft befragt werden, so geben sie keine andere Antwort, als dass sie ihre Voreltern rächen wollen. Das Volk lebt also in seiner Freiheit dahin, ist niemandem verbunden und ohne alle Könige und Herren.

So bereiten sie sich allermeist dann zum Kriege, wenn ihre Feinde etwa einen von ihnen gefangen oder erwürgt haben. Alsdann muss der älteste Freund vom Geblüt dessen, der umgekommen oder gefangen worden ist, aufstehen, in die Gassen gehen und schreien, um sie alle zu rufen, dass sie mit ihm in den Krieg ziehen sollen, den Tod seines Verwandten zu rächen. So haben sie alle Mitleid mit ihm, rüsten sich schnell zum Kriege und überfallen ihre Feinde urplötzlich.

Sie haben kein Recht oder Gericht und strafen auch ihre Übeltäter nicht. Auch die Eltern strafen oder lehren ihre Kinder nicht. Sie sind in der Rede einfältig, aber sonst gescheit und schalkhaft. Sie reden selten und mit tiefer Stimme, sonst halten sie die Form der Rede wie wir. Ihre Laute machen sie zwischen den Zähnen und Lippen, aber sie gebrauchen andere Wörter als wir. Es sind viele Verschiedenheiten der Sprache bei ihnen, denn alle 100 Leucken findet man eine andere, wo keiner den anderen versteht.

Beim Essen haben sie eine viehische Art, denn sie nehmen keine Zeit wahr, sei es bei Tag oder bei Nacht. Sie essen so oft, wie sie es gelüstet. Wenn sie essen, liegen sie auf der Erde, wozu sie kein Tischtuch oder dergleichen brauchen, denn sie haben gar kein Leinen oder anderes Tuch. Sie essen aus irdenen Schüsseln oder Kürbisschalen, die sie sich selbst bereiten.

Sie machen starke Netze aus Baumwolle, die sie aufhängen und worin sie auf eine Weise schlafen, wie sie für uns als ungewohnt oder unbequem erachtet wird. Doch glaube ich, es ist gut so zu schlafen. Denn ich habe oft in denselben Netzen geschlafen und fühlte mich allwegs besser, als wenn ich in unseren Decken schlief.

Vom Leibe sind sie rein und glatt, denn sie waschen sich oft. Und so sie ihre Notdurft tun müssen, so haben sie großen Fleiß, dass sie niemand sehe. Aber so züchtig sie in diesem sind, so unzüchtig und unverschämt sind Mann und Weiber darin, ihr Wasser von sich zu lassen. Denn oft haben wir gesehen, wenn wir mit ihnen redeten, dass sie das Wasser schändlich von sich laufen ließen.

Sie haben kein Gesetz oder eheliches Bündnis mit ihren Weibern, sodass ein jeder so viele Weiber nimmt, wie er will. Und wann er will, so verlässt er die eine oder andere, ungeachtet, dass es Schande oder Unrecht sei.

Dieser Freiheit bedienen sich jedoch beide, Mann und Weib. Sie sind unkeusch, die Weiber mehr als die Männer. Und damit sie ihren unersättlichen Lüsten Genüge tun, so haben sie etliche Zaubereien und Künste hierfür, wovon ich jetzt nicht reden will. Wenn die Weiber schwanger sind, vermeiden sie darum keine Arbeit oder Mühe. Sie gebären auch ohne große Schmerzen, denn am anderen Tage sind sie schon wieder frisch und gesund und gehen, wohin sie wollen. Dabei sind sie so rein und gesund wie die Fischlein. Sie neigen aber auch so teuflisch und schändlich zu Zorn und Hass, dass, wollen sie ihren Mann erzürnen, sie etliche

Zauberei haben, womit sie ihre eigenen Kinder in ihrem Leib aus Zorn töten. Und so kommen unzählbare Kinder in ihnen um. Sie haben hübsche wohlgeformte Leiber, sodass niemand etwas Sträfliches an ihnen sehen kann, und wiewohl sie nackend gehen, so tragen sie doch ihre Scham verborgen, dass man nichts sehen kann. Sie achten es aber auch nicht, denn sie entsetzen sich wie Teufel, ihre Scham zu zeigen, wie wir Mund und Nasen. Es wäre ein großes Wunder bei ihnen, sollte ein Weib einen runzeligen Bauch haben, der vielen Geburten wegen. Denn sie sind nach der Geburt alle so eben und ganz, als hätten sie nie geboren. Sie deuteten auch an, dass sie auf uns überaus begierig waren. Wir haben niemand in dem Volk gesehen, der auch nur ein einziges Gesetz gehalten hätte. Darum darf man sie weder Mohren noch Juden nennen, weil sie böser sind als die Heiden. Denn wir haben nicht bemerken können, dass sie irgendwelche Opfer brachten oder Bethäuser haben. Ihr Leben ist ganz in Wollust und Begierden versunken.

Ihre Wohnungen sind jedermann zugänglich, und ihre Häuser sind wie Glocken gebaut, mit starken Bäumen befestigt und oben mit Palmenblättern gedeckt, sodass sie sicher sind wider Ungewitter und Wind. An etlichen Orten sind sie so groß, dass wir wohl 600 Personen in einem Haus gefunden haben. Unter anderem fanden wir einige, die waren so volkreich, dass wohl 10 000 Menschen darin wohnten. Alle sieben oder acht Jahre verändern sie ihre Häuser, und wenn man sie befragt, warum sie das tun, so geben sie eine natürliche Antwort und sagen, sie täten es wegen der Hitze der Sonne. Und wenn sie zu lange an einem Ort wohnten, so würde die Luft vergiftet, die ihnen dann viele Krankheiten brächte. Dasselbe dünkt uns, eine redliche Ursache ihres Wandels zu sein.

Ihren Reichtum haben sie in seltsam gefärbten Vogelfedern oder in Schnüren, die wir Pater noster nennen. Daran reihen sie Steinlein oder Blechlein, von Fischbeinen gemacht oder von grünen und weißen Steinen, die sie zur Zierde um die Backen und die Ohren hängen. Solche leichtfertigen und närrischen Dinge halten sie für Reichtum, was wir verachten. Sie treiben kein Gewerbe mit Kaufen oder Verkaufen, denn sie haben genug mit dem, was die Natur ihnen selbst gibt. Gold und Perlen samt anderen Kleinodien, die wir für groß achten, beachten sie gar nicht, ja sie verachten dies und wollen es nicht haben.

Sie sind so freigiebig von Natur, dass sie keinem etwas abschlagen, darum man sie bittet. Und so gerne sie geben, so gerne heischen und nehmen sie, wenn sie sich einmal zu einem gesellen. Ihre Freundschaft können sie nicht besser beweisen, als sie einem jeden ihr Weib und Kind zu nehmen erlauben. Auf diese Weise ehrt man die Eltern am höchsten, wenn einer zu ihrer Tochter geht und bei ihr schläft. So richten sie ihre Freundschaft an.

Wenn sie sterben, so brauchen sie eine feierliche Bestattung. Etliche begraben ihre Toten im Erdreich, versehen sie mit Wasser und legen ihnen Speisen zu den Häuptern, weil sie meinen, dass sie davon speisen; danach zeigen sie keine Klage oder Trauer mehr um sie. Etliche andere haben eine gar unmenschliche Weise zu begraben: Denn wenn sie spüren, dass einer dem Tod nahe ist, so tragen ihn seine Freunde in einen großen Wald und hängen ihn daselbst in den baumwollenen Netzen, in denen sie zu schlafen pflegen, zwischen zwei Bäume. Wenn sie dann einen ganzen Tag darum getanzt haben, legen sie ihm bei Einbruch der Nacht allerhand Essen und Speisen zu Häupten, wovon er sich vier Tage erhalten möchte. Anschließend lassen sie ihn allein hängen und ein jeder geht heim. Wenn das geschehen ist und der Kranke darauf weiter isst und trinkt, wieder zu seiner Gesundheit kommt und alsdann zu den Seinigen heimkehrt, so empfangen sie ihn mit großen Ehren.

Aber es sind wenige, die davonkommen. Die anderen besucht dann kein Mensch mehr, und wenn sie dort sterben, haben sie kein anderes Begräbnis mehr. Sonst haben sie auch etliche andere Gebräuche zu begraben, die ebenfalls unmenschlich und viehisch sind, die ich aber um der Kürze willen nicht anführen mag.

Für ihre Gebrechen und Krankheiten brauchen sie mancherlei Arzneien, welche den Unsrigen so ungereimt scheinen, dass sie sich sehr darüber verwundern, wie einer davonkommen möchte. Wir haben oft erfahren, dass sie einen, der das Fieber hat, zu einer Zeit, da ihn solches am härtesten angreift, in ein kaltes Wasser tauchen und ihn darin baden. Danach muss er bei einem heißen Feuer hin und her laufen, und zuletzt tragen sie ihn zum Schlafen. Auf solche Art und durch eine solche Kur sind ihrer viel, wie wir gesehen haben, gesund geworden. Sie bleiben auch oft drei Tage oder vier Tage ohne Speis und Trank und lassen oft zur Ader, nicht an den Händen oder Armen, sondern an den Hüften oder Waden. Sie reizen sich auch mit etlichen Kräutern, die sie im Munde tragen, zum Erbrechen. Auch sonst brauchen sie viel Arznei, aber dies alles zu erzählen, würde zu weit führen. Sie besitzen viel Blut und Wasser wegen ihrer Speisen, die sie von Früchten, Wurzeln, Kräutern und mancherlei Fischen machen.

Ihre gemeine Speise ist eine Wurzel von einem Baum, woraus sie ein gutes Mehl machen. Diese Wurzel wird von etlichen Lucha, von anderen Cambi, noch von anderen Igname[11] genannt.

Sie essen selten anderes als Menschenfleisch: Dasselbe zu fressen, sind sie so unmenschlich und unzüchtig, dass sie darin alle unvernünftigen Tiere übertreffen. Denn alle ihre Feinde, die sie fangen oder umbringen, es sei Mann oder Weib, fressen sie so unzüchtig, dass nichts Gräulicheres und Unmenschlicheres mag erdacht werden. Solches hat sich oft

11 Gemeint ist Yams = stärkereiche Wurzelknolle der Tropen und Subtropen.

zugetragen, dass wir es mit angesehen haben: wobei sie sich denn noch gar höchst verwunderten, dass wir unsere Feinde nicht auch verzehrten. Und Eure Königliche Majestät soll hierbei überdies noch wissen, dass ihre Gewohnheiten, derer sie viele haben, viehisch und so unmenschlich sind.

Und dieweil ich auf meinen vier Schifffahrten so mancherlei seltsame und wunderliche Dinge gesehen, so habe ich ein Büchlein hergerichtet. Darin habe ich mehrere Teile der vornehmsten Dinge ordentlich beschrieben, soweit sich mein Verstand erstreckt hat, wiewohl es noch nicht ans Licht gekommen ist. Und dieweil alle Dinge daselbst unterschiedlich angezeigt werden, so will ich hier in einer Summa[12] und in kurzen Worten die erste Schifffahrt, von der ich gekommen bin, wieder anregen.

In derselben ersten Schifffahrt haben wir eben nichts sonderlich Nützliches gesehen, vielleicht darum, weil wir ihre Sprache noch nicht verstanden und nur eine kleine Andeutung des Goldes an etlichen Orten hatten. Dasselbe Erdreich ist nach seiner Lage gut, sodass man nicht sobald ein besseres finden wird.

Wir wurden aber dessen untereinander eins, dass wir es verlassen und weiter mit dem Schiff fahren wollten. Und da wir also einig geworden waren, fuhren wir stets am Lande hin, fuhren viele Umschweife[13] und in Winkeln und hatten oft Gespräche mit den Einwohnern an mancherlei Orten.

Als wir hierauf nach etlichen Tagen an einen Hafen kamen, da errettete uns der Allmächtige Gott von einer großen Gefahr. Denn als wir an diesen Hafen kamen, da fanden wir eine Wohnstätte wie Venedig am Wasser liegend. Daselbst waren 20 Häuser wie Glocken gemacht und mit hölzerner Bastei[14] versorgt und hatten auch vor den Vorhöfen ihre

12 Zusammenfassende Darstellung.

13 Umschweife = Umwege.

14 Bastei = vorspringender Teil an einem (Festungs-)Bau.

Fallbrücken. Darüber ging man von einem zum anderen, wie durch eine Gasse. Sobald uns dieselben Einwohner sahen, so erschraken sie heftig und zogen alle ihre Brücken gegen uns auf und verbargen sich in ihren Häusern. Als wir aber das sahen und uns nicht wenig darüber verwunderten, da sahen wir zwölf Schifflein uns auf dem Meer entgegenkommen, die hatten sie aus hohlen Bäumen gemacht. Diese Schiffsleute verwunderten sich über unsere Kleidung und Gestalt und fuhren allenthalben um uns herum und beschauten uns. Wir sahen zwar hierauf auch nach ihnen und taten viele Zeichen der Freundschaft und des Friedens mit ihnen und reizten sie, dass sie ohne Sorgen zu uns kommen sollten, aber wir vermochten nicht, sie dazu zu bewegen. Da wir das sahen, fingen wir an, sie zu rügen; allein sie wollten uns nicht erwarten; entflohen alle ans Land und bedeuteten uns, wir sollten eine Weile auf sie warten und sie wollten wiederkommen. Da eilten sie auf einen Berg und brachten 16 junge Mägdelein herab, die sie zu sich in ihre Schifflein nahmen und uns damit wieder entgegenkamen. Danach gaben sie in jegliches unserer Schiffe vier von den Mägdelein, worüber wir uns heftig verwunderten, wie Eure Majestät wohl erkennen kann. Sie mischten sich auch mit ihren Booten zwischen unsere Schiffe und redeten auch so friedlich mit uns, dass wir meinten, sie wären unsere besten Freunde. Als dies geschah, kam auch aus den gedeckten Häusern eine große Menschenmenge dahergeschwommen. Als dieselben sich unseren Schiffen näherten und wir noch nichts Böses ahnten, da sahen wir etliche alte Weiber bei ihren Haustüren stehen, die mit heller Stimme schrien, die Luft mit ihrem Geschrei erfüllten und sich selbst die Haare rauften zum Zeichen der Angst und Furcht. Dies war für uns der Grund, dass wir nichts Gutes mehr erwarten konnten.

Hierauf sprangen ganz plötzlich die Mägdelein, die in unsere Schiffe gegeben worden waren, ins Meer. Diejenigen aber, die noch in ihren Schifflein waren, begaben sich von uns weg und fingen an, mit ihren Bögen heftig auf uns zu schießen. Von denjenigen aber, die von den Häusern im Meer uns entgegengeschwommen waren, hatte ein jeder einen Spieß im Wasser verborgen. Daher merkten wir ihre Verräterei, begannen uns männlich zu wehren und sie zu bekämpfen, wie wir nur konnten, dergestalt, dass auch etliche ihrer Schifflein zerbrachen und wir diejenigen, die darin waren, umbrachten und ertränkten. Hierauf verließen sie die übrigen Schifflein, die sehr beschädigt waren, und schwammen durchs Meer hinweg dem Lande zu. Damals wurden 20 umgebracht und viele verwundet. Von den Unsrigen aber wurden nicht mehr als fünf verletzt, welche jedoch allesamt durch die Gnade Gottes wieder gesund wurden. Wir fingen dazumal auch zwei Mägdelein und drei Männer. Danach besahen wir ihre Häuser und gingen hinein, fanden aber darin nichts als zwei alte Weiber und einen kranken Mann. Alldieweil wir aber keine Sünde begehen wollten, verbrannten wir diese Häuser nicht. Darauf kamen wir mit den fünf Gefangenen, so vorhin genannt, wieder in unsere Schiffe und schlugen sie alle in Eisen, die Mägdelein jedoch nicht. Diese aber entkamen samt einem gefangenen Mann in derselben Nacht.

Danach kamen wir überein, den Port zu verlassen und weiter an der Höhe hinzufahren. Und als wir auf 80 Leucken von dannen kamen, da fanden wir ein anderes Volk, das war in der Sprache und in Gebärden den vorigen ganz ungleich. Daselbst befestigten wir unsere Schiffe mit Ankern, da wir mit den kleinen Booten ans Land setzen mochten.

Am Ufer sahen wir eine Menge Volk, wohl ungefähr 4000 Menschen. Als diese sahen, dass wir ihnen nahten, da wollten sie nicht warten, sondern verließen, was sie hatten, und flohen in die Wälder. Wir eilten hierauf an Land und zogen auf dem Weg zum Wald zu, und als wir auf einen Armbrustschuss herankamen, sahen wir viele Zelte, die

Fischer aufgespannt hatten. Sie hatten große Feuer gemacht, um zu kochen und mancherlei Tier und Fische zu braten. Wir sahen dort auch ein Tier, welches keine Flügel hatte, sonst aber einer Schlange gleich war. Dies schien uns so wild und gräulich zu sein, dass wir uns darob heftig verwunderten. Als wir aber weiter in diesen Zelten umhergingen, da fanden wir dieselben Schlangen lebendig, denen die Füße und auch die Mäuler zusammengebunden waren, damit sie dieselben nicht auftun konnten, wie man es bei Hunden und anderen wilden Tieren tut, auf dass sie nicht beißen. Dieselben Tiere schienen so wild zu sein, dass wir dachten, sie wären vergiftet, weshalb wir sie nicht anrühren durften. Sie sind den Rehböcklein gleich, in der Größe auf anderthalb Arm lang und haben starke Füße, mit harten Klauen gewaffnet und auch einen seltsam gesprenkelten Balg, am Schnabel und Gesicht einer rechten Schlange gleich. Sie haben auch einen Streifen von der Nase an bis zum Schwanz hinaus, sodass wir nicht anders erachten konnten, als es eine rechte Schlange wäre. Nichtsdestoweniger isst sie dasselbe Volk.

Sie machen ihr Brot daselbst aus Fischen, die sie im Meer fangen. Dieselben Fischlein sieden sie zum Teil im Wasser, stoßen sie danach zusammen und machen Brot daraus, das sie zuvor auf Kohlen gedörrt haben und alsdann essen. Wir haben es auch versucht zu essen und fanden, dass es gut und schmackhaft war. Sonst haben sie viele Speisen von Früchten und mancherlei Wurzeln, davon zu schreiben viel zu langwierig sein würde.

Da sie aber nicht wiederkommen wollten aus den Wäldern, wohin sie geflohen waren, so wollten wir ihnen auch von ihren Sachen nichts nehmen, auf dass sie desto sicherer unser wären. Ja wir ließen auch von unseren Sachen viel in ihren Zelten, dass sie selbiges finden sollten, und gingen hierauf bei Einbruch der Nacht wieder nach unseren Schiffen.

Am anderen Morgen, da die Sonne aufging, merkten wir, dass eine große Menschenmenge am Gestade war. Wir gingen bei ihnen an Land, und wiewohl sie so taten, als fürchteten sie sich vor uns, so mischten sie sich doch unter uns und fingen an, mit uns zu handeln und ganz sicher zu reden; sie verhielten sich, als wären sie unsere guten Freunde, und bedeuteten, ihre Wohnungen seien nicht hier und nur allein der Fische wegen seien sie hierhin gekommen. Darum baten sie uns, wir sollten mit ihnen in ihre Häuser gehen. Da wollten sie uns als gute Freunde empfangen.

Diese Freundschaft hatten sie uns gegenüber empfunden wegen der zwei Gefangenen, die wir hielten. Denn dieselben waren ihre Feinde. Da wir sahen, dass sie uns so sehr baten, willigten 23 Mann von den Unsrigen ein, mit ihnen zu gehen, wohlgerüstet und mit festem Gemüte zu sterben, wenn solches die Not erfordern würde.

Und da sie also drei Tage bei uns gewesen und wir auf drei Leucken mit ihnen über Land gekommen waren, da gelangten wir zu einem Dorf. Dort waren nicht mehr als neun Häuser, und wir wurden von ihnen mit so seltsamen Gebärden empfangen, dass man davon nicht sagen oder schreiben kann. Es gab Singen und Tanzen, etliche weinten, andere waren fröhlich, und daselbst war auch so viel Speise und Essen, dass ich all das nicht zu beschreiben vermag; daselbst ruhten wir die Nacht hindurch. Sie boten uns ihre eigenen Weiber der Reihe nach an, und dieselben reizten uns so, dass wir ihnen kaum Widerstand bieten konnten.

Als wir aber eine Nacht und einen halben Tag dort gewesen waren, kam ein großes wunderliches Volk, um uns zu sehen. Die Alten darunter baten uns, dass wir mit ihnen gehen sollten, um ihre Häuser zu besehen, die weiter im Lande stünden, und das bewilligten wir auch. Welch große Ehre sie uns damit antaten, lässt sich nicht sagen.

Wir waren während der neun ganzen Tage, die wir mit ihnen umherzogen, zu vielen ihrer Flecken gekommen.

Dasselbe hatte unsere Gesellen in den Schiffen in große Sorge und Angst gebracht, wie sie uns nachmals sagten.

Als wir aber auf 18 Leucken in ihr Land hineingelangt waren, da kamen wir überein, wieder zu unseren Schiffen zu ziehen. Da wir also wieder zurückkehrten, ließen sich viele Männer und Weiber herzu, die uns alle bis ans Meer geleiteten. Und so unsereiner auf dem Wege müde ward, so trugen sie ihn fleißig in ihren Netzen, worin sie schlafen. Und so wir über ein Wasser mussten, derer dort viele und von großer Ausdehnung vorhanden sind, da brachten sie uns so geschickt hinüber, dass wir ohne alle Sorge waren. Es zogen auch ihrer viele mit uns, beladen mit ihren Gütern, die sie uns geschenkt hatten und die sie in ihren Schlafnetzen mit sich führten. Darunter waren köstliches Federwerk, auch viele Bogen und Pfeile und unzählbare Papageien von mancherlei Farben. Viele von ihnen führten ihren Hausrat samt ihrem Vieh mit sich. Und was das Wunderbarste dabei war: Ein jeder von ihnen meinte, er würde selig, wenn er uns auf seinen Schultern über ein Wasser führte. Sobald wir aber an das Meer kamen und uns in unsere Boote begeben wollten, so drängten sich darum so viele, die mit uns herein und unsere Boote besichtigen wollten, dass die Boote schier vor Last untergegangen wären. Da nahmen wir in den Booten so viele, wie wir mochten, mit uns und führten sie bis zu den Schiffen. Daraufhin kamen auch noch viele im Meer herzugeschwommen, sodass wir ein wenig besorgt darüber wurden, denn mehr als 1000 Leute kamen auf unsere Schiffe, die alle nackend und unbewaffnet waren und sich unsere Schiffe wegen der Größe und Kunstfertigkeit mit Verwunderung besahen.

Als dieses geschah, begab sich eine lächerliche Posse. Denn da wir etliche unserer Büchsen abfeuern wollten, Feuer angelegt hatten, die Büchsen deshalb einen großen Knall von sich gaben und sie den Knall und Donner derselben hörten, da fiel der überwiegende Teil der Leute ins Meer, wie es die Frösche am Bach tun, wenn sie etwas hören. Auch diejenigen, welche in die Schiffe geflohen waren, waren so sehr erschrocken, dass uns sehr gereute, dass wir solches getan hatten. Aber wir trösteten sie, nahmen ihnen den Schrecken und zeigten ihnen dabei an, dass wir unsere Feinde damit töteten. Da wir sie also einen Tag bei uns gehalten hatten, da mahnten wir sie, dass sie wieder heimzögen, denn wir wollten die nächste Nacht von dannen segeln. Als sie das hörten, zogen sie mit großer Freundlichkeit und Demut ab.

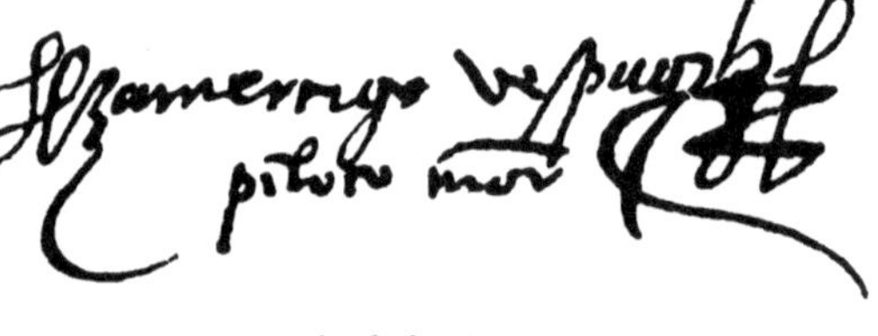

Die Unterschrift des Amerigo Vespucci

In diesem Lande habe ich die Sitten des Volkes viel in Augenschein genommen und erforscht, wovon ich aber jetzt nicht viel Meldung geben will. Denn es mag Eure Majestät hernach wohl erfahren, was ich in einer jeden Schifffahrt erkundet habe, weil ich solches in ein Buch nach Art der Weltbeschreiber geschrieben, das ich genannt habe: Vier-Tage-Reisen. Da habe ich ein jedes Ding sonderlich und eigentlich beschrieben. Es ist aber solches bis zur Stunde von mir noch nicht ausgegangen, denn es ist vonnöten, dass ich es erst wieder besehe und verbessere.

Das Land hat viel Volk und viele und verschiedenartige Tiere, ungleich den unsrigen, doch keine Löwen, Bären, Hirsche, wilde Schweine, Rehe und rehartige Tiere. Pferde, Maultiere, Esel, Hunde und alles Kleinvieh, wie Schafe, Rinder und dergleichen, haben sie nicht. Ansonsten gibt es viele Tiere, aber alle sind wild und zu keinem Gebrauch nütze. Und was am meisten vorkommt: Sie haben so viele Vögel, nach Art und Gefieder unterschieden, dass Wunder davon zu sagen wären. Denn das Land ist fruchtbar und lustig, voll großer Wälder, die allezeit grünen und ihre Blätter nimmer verlieren. Sie haben auch unzählbare Früchte, die den unsrigen ganz ungleich sind.

Dieses Land liegt unter der dürren Schnur, gerade unter der Linie der Sonnenwende im Krebs, und daselbst erhebt sich der Polus über der Erde mit 23 Grad im Ende des anderen Klimas. Als wir da waren, kam viel Volk, um uns zu sehen, und verwunderte sich heftig über unsere Gestalt und weiße Hautfarbe. Und da sie fragten, woher wir kämen, da sagten wir, wir kämen vom Himmel und wollten einmal das Erdenreich besehen. Welches sie uns auch glaubten.

In diesem Land richteten wir viele Taufsteine auf, darin tauften wir ihrer viele, und sie nannten sich selbst in ihrer Sprache Charaibi, das ist so viel wie »Männer von großer Weisheit«. Die Landschaft nennen sie Parias[15].

Danach verließen wir den Port und das Land, fuhren an einer Höhe entlang und behielten so das Erdreich immer im Gesichte und fuhren auf 870 Leucken von demselben Port.

Dazwischen machten wir viele Umwege, handelten mit Volksstämmen und fanden an etlichen Orten auch Gold, das wir kauften, jedoch nicht viel davon, denn es war uns dazumal genug, dass wir das Land gefunden und erfahren hatten, dass auch Gold da wäre.

Und dieweil wir dazumal 13 Monate auf Seereise gewesen waren, war unsere Ausrüstung und unser Proviant schier verzehrt. Und weil die Leute müde und schwach geworden waren, kamen wir überein, dass wir unsere Schiffe ausbes-

15 Parias = Paria: Halbinsel im Osten der Nordküste von Venezuela, östlich von Cumaná gegen Ostnordost gerichtet, bis gegen die Nordwestspitze der Insel Trinidad.

serten, denn das Wasser drang allenthalben ein, und zogen also wieder nach Hispanien.

Und da wir in dieser Sache also einig wurden, fuhren wir mit unseren Schiffen in den erstbesten Port, der in der neuen Welt ist, und fanden ein unzählbares Volk darin, das empfing uns mit großer Freundschaft. Dort zimmerten wir ein neues Schiff samt etlichen Gefäßen. Und unser Geschütz, das vom Wasser verdorben war, luden wir aus den Schiffen auf das Land und erleichterten auf diese Weise die Schiffe. Danach zogen wir sie an Land und besserten sie wieder aus auf das Beste, wie wir es eben vermochten. Dabei waren uns die Einwohner des Landes behilflich und teilten ihre Speisen gutwillig mit uns, welches wir mit großem Dank annahmen. Darum verzehrten wir von unserer Lieferung nicht viel. Denn wir waren so arm an Proviant, dass wir mit Not in Spanien ankommen sollten.

In jenem Port verbrachten wir 37 Tage und gingen oft mit ihnen in ihre Flecken, da sie uns alle große Ehre erwiesen. Als wir aber den Port verlassen wollten, da beklagten sie, dass daselbst ein gräulich böses Volk sei, das ihnen viel zuleide täte. Dieses käme etliche Male im Jahr in ihr Land und brächte viele der Ihrigen um, bald heimlich, bald öffentlich, und fräße sie hernach auf. Etliche führten sie auch als Gefangene hinweg, und diese mochten sich derselben kaum erwehren. Und sie zeigten uns an, dasselbe Volk wohne auf 1000 Leucken von ihnen auf einer Insel. Das klagten sie uns mit solchem Jammer, dass wir ihnen aus Mitleid glaubten und ihnen verhießen, wir wollten sie wegen solchen Unrechts rächen. Deshalb wurden sie froh und wollten mit uns gehen. Das wollten wir aber um vieler Ursachen willen nicht haben, ausgenommen sieben Leute, die aber allein in ihren Schifflein wieder heimfahren sollten.

Denn wir wollten ihnen nicht versprechen, dass wir sie wieder heimbringen wollten, und das nahmen sie mit Dank an.

Also verließen wir sie, unsere Freunde, und zogen von ihnen, und da wir unsere Schiffe wieder ausgerüstet hatten, fuhren wir sieben Tage auf dem Meer, getrieben von Ostnordostwind. Da begegneten uns viele Inseln, davon waren etliche bewohnt, die anderen aber öde und wüst. Zuletzt landeten wir an einer und ankerten unsere Schiffe, als wir einen großen Haufen Leute sahen. Diese nannten dieselbe Insel Xti. Da wir die Leute sahen, rüsteten wir drei Boote mit Leuten und Waffen und näherten uns dem Lande. Dort fanden wir 400 Mann und viele Weiber an den Gestaden. Dieselben gingen auch alle wie die vorigen nackend. Sie waren recht freudige Kriegsleute und alle mit Bogen und Pfeilen, auch Spießen, gerüstet. Sie hatten auch ihre Schilde, womit sie sich verwahren konnten, sodass es für sie beim Schießen kein Hindernis gab. Als wir aber auf einen Bogenschuss in unseren Booten an Land kamen, da stürzten sie alle in das Meer und fingen mit ihren Pfeilen an, sich zu wehren, dass wir nicht an das Land zu kommen vermochten. Sie waren alle an ihren Leibern mit vielen Vogelfedern bemalt. Da sagten uns diejenigen, die bei uns waren, wenn sie sich ebenso mit den Vogelfedern zierten, so wären sie zum Streite bereit. Sie leisteten uns auch solch einen Widerstand, dass wir nicht an Land gelangen konnten, sodass wir gezwungen waren, unser Geschütz auf sie abzufeuern. Als sie das Getöse hörten und die Gewalt sahen und merkten, dass etliche an Land getötet wurden, so flohen sie alle an Land, und wir beschlossen, dass unser 42 ihnen nachsetzen sollten, um mit ihnen daselbst zu kämpfen: welches wir auch taten.

Also zogen wir gewaffnet gegen sie auf das Land, und sie widersetzten sich uns, dass wir zwei ganze Stunden miteinander ernstlich stritten. Und wir siegten auch wider sie alle, doch etliche wenige erwürgten unsere Armbrustschützen, denn wir vermochten sie mit unseren Spießen und Schwertern nicht abzuhalten. Zuletzt eilten wir doch mit solchem

Ernst auf sie zu, dass wir ihnen mit unseren Degen und Messern etwas antun konnten. Als sie dies merkten, liefen sie, nachdem viele von ihnen umgekommen waren, in die Wälder und überließen uns das Feld. Wir wollten ihnen aber an demselben Tag nicht nacheilen, denn wir waren viel zu müde, und zogen wieder mit großer Freude zu unseren Schiffen samt den sieben, die mit uns gekommen waren.

Am anderen Tage sahen wir eine große Menschenmenge auf der Insel sich uns nähern: Sie bliesen etliche Hörner, die sie im Streite brauchen, diese waren mit Vogelfedern geziert und wunderbar anzusehen. Als wir das merkten, beratschlagten wir abermals und entschieden uns zu Folgendem: Sollte uns das Volk feindlich angehen, so wollten wir uns zusammentun, dass wir einander gegenüberstünden und dabei nichts unterlassen, was uns das Volk zum Freunde mache. Wenn sie das jedoch nicht annehmen sollten, so würden wir wie bei Feinden gegen sie handeln und so viel wie möglich überwältigen, um sie uns zu Knechten zu machen. Danach rüsteten wir uns auf das Beste und kamen in einem Ring zusammen. Sie verwehrten uns aber nicht, an Land zu kommen, vielleicht aus Furcht wegen unserer Büchsen.

Also zogen wir doch endlich zu ihnen an Land mit 57 Mann und vier Haufen, wobei jeder seinem Obersten folgte. Dann begannen wir mit ihnen einen langen Handkrieg.

Zuletzt, nachdem wir lange gefochten hatten und viele von ihnen umgekommen waren, schlugen wir sie alle in die Flucht und eilten ihnen nach bis zu ihren Wohnungen. Da fingen wir ihrer 24, verbrannten ihre Häuser und zogen also zu unseren Schiffen mit den 24 Gefangenen, nachdem wir zuvor viele von ihnen erschlagen und verletzt hatten. Von den Unsrigen war nicht mehr als einer umgekommen, wohl aber waren 22 verwundet, die jedoch alle wieder gesund wurden. Als wir uns aber anschickten, wieder heimzufahren und dazu gerüstet waren, fuhren auch die sieben Mann, die mit uns gekommen waren, wovon fünf in diesem Krieg verwundet worden waren, auch mit Freuden in einem Schifflein, das sie auf der Insel erobert hatten, zu den Ihrigen zurück. Ihnen übergaben wir sieben Gefangene, drei Mann und vier Frauen, die sie mit sich heimführten. Sie verwunderten sich sehr über unsere Stärke und Geschicklichkeit.

Wir aber eilten Spanien zu und kamen mit 222 Gefangenen an den Port Galiciae. Am 15. Tag des Weinmonats im Jahr 1498 daselbst wurden wir mit großen Freuden empfangen und verkauften daselbst auch unsere Gefangenen. Das ist es, was ich in der ersten Schifffahrt an merklichen Dingen erfahren habe.

Die zweite Seefahrt (1499)

Was ich auf den Reisen der zweiten Schifffahrt Bemerkenswertes erfahren habe, das wird hernach angezeigt werden. Als wir dieselbe antraten, da fuhren wir von dem Port Galiciae aus im Jahr 1499, am 11. Tag des Mai, in Richtung auf die Inseln des grünen Feldes, und zogen hin, die Inseln der großen Canaria zu sehen, und fuhren so lange, bis wir zu der Feuerinsel kamen. Dort versahen wir uns mit Holz und Wasser, begannen unsere Fahrt mit Nordwestwind und fuhren auf diese Weise 19 Tage. Da kamen wir an ein neues Erdreich. Es lag von dem vorgenannten, wie uns der Wind anzeigte, auf 500 Leucken entfernt. Daselbst fanden wir die Nacht dem Tage gleich am 27. Tag des Brachmonats [Juni], da die Sonne in der Sonnenwende im Krebs steht. Dies Erdreich fanden wir ganz im Wasser versunken und von vielen Wassern durchflossen. Es war auch grün, mit vielen hübschen Bäumen geziert, doch fanden wir damals niemanden darin.

Daselbst blieben wir, befestigten unsere Schiffe mit Ankern und lösten etliche Barken ab, um mit denselben an Land zu fahren. Als wir aber einen Zugang suchten und ringsherum fuhren, da fanden wir es so feucht von Wassern und Bächen, dass nirgends ein Ort war, der nicht mit Wassern begossen war. Doch fanden wir zuweilen viele Zeichen, dass die Insel mit viel Volk bewohnt war. Da wir aber nicht in der Lage waren, die Zeichen zu deuten, so wurden wir einig, dass wir wieder zu unseren Schiffen zurückkehren wollten, was wir auch taten.

Und als wir die Anker gelichtet hatten, fuhren wir mit Ostsüdostwind am Land dahin und versuchten über mehr als 40 Leucken lang, ob wir auf die Insel kommen konnten.

Aber die Arbeit war umsonst. Denn die Meeresströmung, die von Südost gegen den Südwestwind zieht, war so ungestüm, dass sich das Meer am selben Ort nicht wollte schiffen lassen. Da wir diese Unbequemlichkeiten erfuhren, wurden wir einig, das Schiff gegen Südwest zu kehren. Danach fuhren wir dem Erdreich nach, so lange, bis wir an einen Port kamen, der eine hübsche Insel mit einer Bucht am Eingang hatte. Und als wir darauf zufuhren, um hineinzukommen, da fanden wir auf vier Leucken vom Meer entfernt einen unzählbaren Haufen Leute. Deshalb wurden wir froh und bereiteten unser Schifflein, sodass wir auf dieselbe Insel kämen. Hierauf sahen wir ein Schifflein vom hohen Meer kommen, in dem viele Leute waren, und wir wurden sofort einig, dass wir sie niederwerfen und gefangen nehmen wollten. Da fingen wir an zu fahren und umgaben sie, dass sie nicht entrinnen mochten. Dagegen wehrten sie sich. Denn wir sahen, dass sie alle Ruder aufhoben, obgleich ziemlicher Wind war. Damit zeigten sie an, dass sie fest und tapfer stehen wollten. Das taten sie, wie wir glaubten, um uns zu erschrecken. Da sie aber sahen, dass wir ihnen nahekamen, ließen sie alle Ruder ins Wasser und eilten dem Lande zu. Weil wir nun ein Schiff mit uns führten, das überaus schnell war, so wurde dasselbe so geführt, dass wir ihnen den Wind abgewannen. Und da sich die Gelegenheit ergab, sie zu überfallen, bewaffneten sie sich auch und verteilten ihre Ausrüstung geordnet in ihrem Schifflein. Da wir aber ihnen zuvorkamen, versuchten sie zu fliehen. Wir aber rüsteten etliche Schifflein mit starken und tapferen Männern, und als wir vermeinten, sie zu fassen, überfielen wir sie. Wir stritten schier vier Stunden mit ihnen, und wenn unser Schiff nicht wieder über sie gekommen wäre, das sie jetzt überholte, so hätten wir sie verloren. Etwa ihrer 20 sprangen ins Meer, wohl zwei Leucken vom Land entfernt. Wir eilten ihnen mit unseren Booten einen ganzen Tag nach und vermochten nicht mehr als zwei von ihnen zu bekommen. Die anderen kamen alle heil an Land. In ihrem Schifflein, das sie verlassen hatten, befanden sich vier Jungen, die nicht in ihrem Volk geboren, sondern aus einem anderen Land geraubt waren. Denen hatten sie allen die Gemächte [veraltet für: Zeugungsglied] ausgehauen, denn die Wunden waren noch frisch, worüber wir uns heftig verwunderten. Als wir dieselben in unser Schifflein genommen hatten, deuteten sie uns an, wie jene sie entführt hätten und dass sie von ihnen gefressen würden. Sie bezeichneten das gräuliche Volk als Menschenfresser, die Kannibalen heißen. Dann nahmen wir ihr Schifflein in Schlepp und eilten mit unseren Schiffen dem Lande zu, hielten eine Weile still und ankerten unser Schiff nicht mehr als eine halbe Leucke vom Land entfernt. Und als wir viel Volk dort umherschweifen sahen, da eilten wir mit unseren Schiffen zu ihnen und führten zwei mit uns, die wir in dem Schifflein erobert hatten. Sobald wir aber das Land betraten, flohen sie alle und verbargen sich in den nächsten Wäldern. Wir aber ließen einen von denen, die wir gefangen hatten, gehen und gaben ihm zum Zeichen der Liebe viele Gaben, wie Schellen, Spiegel und dergleichen und sagten ihm, die anderen, die entflohen waren, dürften sich nicht fürchten. Denn es wäre unser großes Begehren, Frieden und Freundschaft mit ihnen zu halten. Derselbe ging hin und tat auch fleißig, wie wir ihm befohlen hatten, und er führte das ganze Volk, 400 Mann samt vielen Weibern, aus den Wäldern zu uns. Sie kamen alle unbewaffnet zu uns. Mit denselben machten wir auch gute Bekanntschaft und gaben ihnen die zwei anderen Männer auch wieder, die wir noch gefangen hielten. Auch ihr Schifflein, das unsere Schiffsknechte erobert hatten, gaben wir ihnen wieder. Das Schifflein war aus einem Baum gemacht und mit Fleiß ausgehöhlt. Es war 26 Schritte lang und zwei Arme breit. Als sie dasselbe wieder von uns übernahmen und an einen sicheren Ort gebracht hatten, flohen sie alle dahin und wollten weiter keine Gemeinschaft mit uns haben.

Weil sie dies Unrecht taten, merkten wir, dass keinerlei Glaube oder Redlichkeit bei ihnen war. Wir sahen nur wenig Gold bei ihnen, das trugen sie an den Ohren. Wir verließen hierauf diese Gegend und segelten 80 Leucken am Land entlang. Da fanden wir eine bequeme und feste Stelle für unsere Schiffe, und als wir dorthin kamen, so fanden wir wunderlich viel Volk daselbst. Mit denselben machten wir uns bekannt und gingen danach mit ihnen in viele ihrer Dörfer. Da wurden wir mit großer Ehre und Sicherheit empfangen. Wir kauften ihnen 500 Perlen ab für eine Schelle und ein wenig Gold.

In diesem Land trinken sie roten und weißen Wein, der aus etlichen Früchten und Samen gemacht ist, wie Met oder Bier. Das beste war aus Myrrhenäpfeln gemacht. Dieselben sind sehr gut, und wir aßen sie samt anderen wohlschmeckenden Früchten. Denn wir waren zur rechten Zeit hierhin gekommen. Die Insel ist reich an Hausrat, und das Volk ist auch friedlicher und freundlicher, als wir irgend sonst eines gefunden haben. In diesem Port blieben wir 17 Tage mit guter Ruhe, und alle Tage kamen viele Menschen zu uns, die sich über unsere Gestalt und Farbe sehr verwunderten, auch über unsere Kleider, Verteidigungsgerät, Waffen und Schiffe. Sie zeigten uns auch an, dass ein Volk gegen Niedergang liege, das ihnen viel zuleide tue. Dort seien unsäglich viele Perlen; und diese Perlen hätten sie denselben im Krieg abgewonnen. Dann zeigten sie uns an, wie man Perlen fischt und wie Perlen wachsen. Da verstanden wir wohl, dass sie die Wahrheit sagten, wie Eure Majestät hernach besser verstehen wird. Also verließen wir den Port und segelten immer am Land entlang, und stets sahen wir viel Volk herzulaufen.

Hierauf kamen wir zu einem anderen Port, worin wir ein Schiff ausbessern wollten. Wir fanden darin auch viel Volk, aber mit demselben mochten wir weder mit Liebe noch mit Gewalt eine Gemeinschaft zuwege bringen, denn sie wehrten sich trefflich gegen uns, als wir etwa mit unseren Schifflein ans Land zu ihnen kamen. Und als wir ihnen zu mächtig wurden, da flohen sie in die Wälder. Da wir ihre Grobheit spürten, zogen wir hinweg und sahen eine Insel, 50 Leucken vom Land weg, im Meer liegen. Wir wurden uns einig, dass wir sehen wollten, ob auch Volk darin sei. Und als wir hinzueilten, da fanden wir ein Volk, das so viehisch, einfältig, holdselig und gütig war, wie ich noch kein ähnliches auf der Erde gesehen habe.

Dasselbe Volk hatte folgende Weisen und Sitten: Von Angesicht und Leibesgebärden sind sie fast viehisch. Sie haben die Backen voll Kraut stecken. Daran kauen sie stets wie das Vieh, sodass sie nicht reden können. Es hatte auch ein jeder von ihnen zwei gedörrte Kürbisse am Hals hängen. In einem war das Kraut, das sie kauten, in dem anderen war weißes Mehl, wie reiner Gips. Dazu hatten sie einen Löffel, den sie im Munde nass machten, ihn dann in das Mehl stießen und das Mehl damit herauszogen. Sie taten es danach in den Mund und besprengten das Kraut damit, das sie im Mund trugen. Und das taten sie oft hintereinander. Uns verwunderte dies sehr, weil wir nicht in Erfahrung bringen konnten, warum sie solches taten.

Selbiges Volk war uns so freundlich zugetan, als hätten sie vorher große Kunde von uns gehabt. Und als wir einmal mit ihnen in der Gegend umherzogen und mit ihnen redeten, da gelüstete uns nach frischem Wasser. Sie gaben uns durch Zeichen zu verstehen, dass sie keines hätten, und boten uns das Kraut und Mehl an, das sie im Munde trugen. Daran merkten wir, dass das Land kein Wasser hatte und dass sie das Kraut und Mehl im Munde trugen, um den Durst zu löschen. Nirgends fanden wir frisches Wasser, wiewohl wir anderthalb Tage mit ihnen umherzogen und wir merkten, dass das Wasser, das sie tranken, von dem Tau der Nacht gesammelt war. Dieser fällt auf ein Kraut, das Blätter wie Eselsohren hat. Dieselben Blätter werden nachts voller Tau, wovon hernach dieses Volk trinkt, denn er ist ziemlich lieblich zu trinken. Diese Blätter wachsen nicht an allen Orten.

Das Volk lebt alleine von den Fischen, die es im Meer fängt. Denn sie sind weidliche Fischer, und sie haben viele Fische um sich. Von denselben boten sie uns viele gute Fische umsonst an. Ihre Weiber aber brauchen das Kraut nicht, das die Männer im Munde tragen, sondern eine jede hatte einen Kürbis voll des Wassers, das sie tranken.

Sie haben keine Häuser oder Hütten, sondern etliche große Blätter, womit sie sich vor der Sonne, nicht vor dem Regen beschirmen, deshalb denken wir, dass es selten regnet. Wenn sie ans Meer kommen, um zu fischen, so nimmt ein jeder Fischer ein solches großes Blatt mit sich, damit er den ganzen Leib dahinter vor der Sonne verbergen mag.

Auf dieser Insel sind viele und mancherlei Tiere, die allesamt trübes Wasser trinken. Da wir aber sahen, dass wir uns selbst keinen Nutzen verschaffen konnten, verließen wir diese Insel und kamen an eine andere. Als wir aber dorthin kamen und frisches Wasser zu trinken suchten, meinten wir, es sei niemand auf der Insel, denn bei unserer Ankunft hatten wir niemanden gesehen. Doch bemerkten wir, als wir durch den Sand gingen, etliche große Fußtritte und dachten, wenn der übrige Leib den Füßen gemäß sein sollte, so müssten überaus große Leute auf dieser Insel wohnen. Als wir durch diesen Sand gingen, fanden wir einen Weg, der ins Land führte. Diesem gingen neun Leute von uns nach und wollten die Insel besichtigen. Wir meinten, sie sei nicht groß, und es sei auch nicht viel Volk darin.

Als wir aber denselben Weg eine Leucke weit gegangen waren, da sahen wir fünf Häuser in einem Tal stehen, in welchem Volk zu sein schien. Als wir dorthin kamen, fanden wir fünf Weiber darin, zwei alte und zwei junge, die so groß waren, dass wir uns darüber verwunderten.

Sobald dieselben uns sahen, erschraken sie derart, dass sie nicht mehr fliehen konnten. Die alten Weiber hoben an, in ihrer Sprache sanftmütig mit uns zu reden, gingen in ein Häuslein und gaben uns viel von ihren Speisen zu essen. Sie waren allesamt größer, als der größte Mann bei uns sein mag, doch besser geformten Leibes, als wir es sind. Da wurden wir einig, dass wir die Jungen fassen und zu einem Wunderzeichen mit uns nach Kastilien führen wollten. Als wir so nachdachten, da kamen etwa 36 Männer in die Hüttlein. Die Männer waren noch größer als die Weiber und von so hübschen Gliedmaßen, dass es eine Lust bedeutete, sie zu sehen. Es erschreckte uns aber auch so sehr, dass wir lieber bei unseren Schiffen gewesen wären als bei ihnen. Denn sie trugen allesamt große mächtige Bogen und Pfeile, samt etlichen spitzen Kolben und Pfählen. Als sie hereinkamen, redeten sie miteinander, als ob sie uns fassen wollten. Als wir diese Gefahr bemerkten, beratschlagten wir so manches: Etliche meinten, wir sollten sie in den Hütten anfallen. Die anderen meinten, es wäre besser draußen auf der Gasse; etliche meinten, wir sollten nichts gegen sie unternehmen, bis wir sehen würden, welchen Sinnes sie seien. Unterdessen schlichen wir aus der Hütte und trabten wieder zu unseren Schiffen. Sie aber folgten uns stets nach, einen Steinwurf von uns entfernt, und redeten stets miteinander, wie ich bemerkte, nicht minder voll Schrecken als wir. Denn als wir stillstanden, so standen sie auch, und gingen wir, dann gingen sie auch.

Als wir aber unser Schiff erreicht hatten und einer nach dem anderen hineinging, da stürzten sie alle ins Meer und schossen uns viele Pfeile nach. Aber wir fürchteten uns nicht sehr davor, denn wir ließen als zwei Büchsen auf sie abgehen; mehr um zu schrecken zu schaden. Als sie dasselbe

Getöse hörten, flohen sie alle auf den nächsten Berg, und wir wurden ihrer los und ledig und zogen davon.

Auch diese gehen alle nackend, wie schon von den anderen gesagt wurde, und wir nannten es die »Rieseninsel«.

Als wir aber weiterfuhren, haben wir oft mit ihnen kämpfen müssen, denn sie wollten von ihrem Land niemandem etwas gönnen. Da kam es uns in den Sinn, wieder nach Kastilien zu fahren. Wir waren jetzt schier ein ganzes Jahr auf dem Meer gewesen, hatten auch an Ladung und Proviant nicht mehr viel übrig, und was wir noch hatten, das war uns verdorben und verdorrt von der Hitze der Sonne.

Aber Gott errettete uns aus dieser Mühsal. Als wir versuchten, unser Schiff wieder auszubessern, da kamen wir zu einem Volk, das uns mit großer Freundschaft empfing. Hier fanden wir große Haufen orientalischer Perlen. Darum blieben wir 47 Tage dort und kauften für 119 Mark [1 Mark entspricht etwa einem halben Pfund] Perlen von ihnen. Wir gaben Schellen, Spiegel, Rauschgold und etliche Gläslein dafür. Denn wenn einer Perlen hatte, gab er die gerne um eine Schelle. Wir erkundeten auch von ihnen, wie und wann sie fischen, und sie schenkten uns viele Ostreen [von ostrea edulis: Auster], worin die Perlen wachsen. Etliche kauften wir auch. Sie hatten inwendig 130 Perlen, etliche aber hatten auch weniger. Eure Majestät soll auch wissen, dass, wenn sie nicht rechtzeitig gefunden werden, sie von selbst aus ihren Häuslein fallen. Sie sind dann nicht gut beschaffen und verderben, wie ich oft gesehen habe. Wenn sie aber in den Ostreen zwischen dem Fleisch reif werden, schälen sie sich ab, ohne am Fleisch zu hängen: So sind dieselben am besten.

Als aber die 47 Tage herum waren, mussten wir das Volk verlassen, das unser guter Freund geworden war, und zogen wegen des vielen Mangels von ihnen fort. Wir kamen an eine Insel, die vor wenigen Jahren Christopherus Columbus gefunden hat. Dort blieben wir zwei Monate und zwei Tage und besserten unsere Schiffe wieder aus. Am 22. Tag des Heumonats [Juli] verließen wir dieselbe Insel, fuhren anderthalb Monate und kamen zuletzt an den Port Galiciae am neunten Tage des Herbstmonats [September]. Dort wurden wir mit großen Ehren empfangen. Und auf diese Weise fand unsere zweite Schifffahrt ein Ende.

Die dritte Seefahrt (1501)

Als ich in Sibillia [Sevilla] war und wieder erquickt von der Mühe und den Strapazen, die ich in meinen ersten Reisen erlitten hatte, hatte ich mir vorgenommen, in das Perlenland zu fahren, woran mich jedoch ein Unfall hinderte. Und es kam dem Durchlauchten König Emanuel in den Sinn, dass er mir mit einem besonderen Boten seinen königlichen Brief zuschickte, in welchem er mich fleißig bat, dass ich eilends gen Lisbona [Lissabon] zu ihm kommen solle. Dort wolle er mir eine gute Ausrüstung geben.

Dazu war ich damals noch nicht in der Lage, und ich ließ ihn durch denselben Boten wissen, dass ich noch nicht sehr stark und kräftig sei. Aber sobald ich wieder gesund würde und Seine Königliche Majestät meine Dienste dann immer noch in Anspruch nehmen wolle, so wollte ich versuchen, diesem Wunsch mit Fleiß nachzukommen.

Als der König sah, dass ich jetzt nicht zu ihm käme, da schickte er Julianus Bartholomaeus Jocundus mit einem Befehl, er solle mich zum König bringen: So ward ich gezwungen, zum König zu kommen. Aber alle, die mich kannten, fürchteten, es stecke etwas Böses dahinter. So kam ich von Kastilien, denn mir war große Ehre widerfahren, der König war gutherzig zu mir, und dies war am besten.

Ich begab mich eilends zu König Emanuel, der über mein Herannahen sehr froh war und mich fleißig bat, ich solle mit seinen drei Lastschiffen ziehen, die jetzt bereitet und gerüstet seien, um fremde Länder zu erkunden. Weil der Könige Bitten Gebote sind, willigte ich dieses Mal ein. Darum fuhren wir am zehnten Tag des Mai im Jahre 1501 vom Port zu Lisbona aus mit drei Lastschiffen und nahmen Kurs auf die Insel der großen Canaria. Gegen dieselbe fuhren wir fleißig und steuerten unsere Schiffe an Aphrica [Afrika] vorbei gegen Niedergang. Wir fingen viele Fische im Meer, die man Parthi nennt. Dann kamen wir nach Aethiopiae [Äthiopien][16]. Dort verweilten wir elf Tage, versahen unsere Schiffe mit Wasser und Holz; denn ich hatte Lust, durch das Atlantische Meer zu fahren. Darum verließen wir den Port zu Aethiopiae, fuhren so lange mit Nordwestnordwind, bis wir in 67 Tagen an ein Land kamen, das eine Insel ist, etwa 700 Leucken vom genannten Port entfernt gelegen.

In diesen Tagen erlitten wir viel mehr, als jemals einer im Meer erlitten hat, mit ungestümen Winden und Regengüssen, die uns viel Leid antaten, sodass unsere Fahrt stets den Äquinoktiallinien[17] entlang gerichtet war. Dort ist im Brachmonat Winter, und die Tage sind den Nächten gleich. Zuletzt gefiel es Gott, dass wir am 17. Tag des August Land fanden. Von dem blieben wir anderthalb Leucken entfernt und fuhren mit kleinen Schiffen dorthin. Wir wollten wissen, ob auch Einwohner dort seien, und fanden derer auch viele dort. Als wir zum ersten Mal dort umhergingen, da sahen wir kein Volk, wiewohl wir doch an den Gestaden Anzeichen fanden, die bezeugten, dass viel Volk darin sei. Jene Gestade nahmen wir für den Durchlauchtigsten König Kastiliens in Besitz und fanden, dass sie sehr grün und lustig anzusehen waren. Denselben Tag zogen wir wieder zu unseren Schiffen. Weil wir aber an Holz und Wasser Mangel litten, beschlossen wir, dass wir den anderen Tag wieder an Land zögen, um uns mit notwendigen Sachen zu versehen. Als wir aber in diesem Vorhaben begriffen waren, sahen wir ein Volk auf der Spitze eines Berges stehen. Dies kam nicht herab und war nackt und in Form und Gestalt wie die, von

16 Aethiopiae = Etiopia interior: das Land zwischen Äquator und südlichem Wendekreis auf dem afrikanischen Kontinent.

17 Äquinoktoallinien = Circulus equinoctialis = Äquator (10 und 11: nach der Weltkarte des Ptolemaeus, Ulm 1482.

denen oben erzählt wurde. Als wir uns aber befleißigten, dass sie zu uns kämen, um sich kundzutun, konnten wir ihnen nicht die Sicherheit vermitteln, dass sie uns trauten. Als wir diese Halsstarrigkeit sahen, zogen wir in der Nacht wieder zu unseren Schiffen und ließen am Land, damit sie es sehen konnten, etliche Spiegel und Schellen samt anderen dergleichen Dingen liegen. Als sie nun sahen, dass wir weit im Meer waren, liefen sie alle vom Berg herab und zu den Dingen, die wir am Land gelassen hatten, und gaben allerhand Zeichen der Verwunderung von sich. Am anderen Tag sahen wir von den Schiffen aus, dass das Volk noch zahlreicher geworden war und dass sie Feuer und Rauch im Lande machten. Da meinten wir, sie luden uns damit ein, und gingen zu ihnen an Land. Wir sahen viele Menschen, die zusammengekommen waren. Sie hielten sich weit von uns entfernt und gaben uns Zeichen, dass wir zu ihnen auf die Insel kommen sollten. Hierauf begaben sich zwei Christen gutwillig in die Gefahr, um zu erkunden, was für ein Volk es sei und ob es Waren oder Gewürze bei ihnen gebe. Sie baten den Patron der Schiffe so lange darum, bis er es ihnen schließlich erlaubte. Da rüsteten sie sich und nahmen etliche Dinge mit sich, damit sie von dem Volk etwas kaufen konnten, und gingen unter der Bedingung, dass sie in fünf Tagen spätestens wieder zu uns kämen; so lange wollten wir auf sie warten.

Also zogen sie dahin in das Land und wir zu unseren Schiffen. Wir blieben acht Tage und warteten auf sie. Inzwischen kam viel Volk an die Gestade, aber es wollte gar nicht mit uns reden. Am siebten Tag aber gingen wir wieder an Land und bemerkten, dass das Volk alle seine Weiber mit dorthin gebracht hatte; und sobald wir ankamen, schickten viele ihre Weiber zu uns, um mit uns zu reden, obwohl die Weiber uns nicht sehr trauen wollten. Als wir das sahen, wurden wir einig, dass wir einen jungen starken und geschickten Gesellen zu ihnen schicken wollten, und gingen danach wieder in unsere Schiffe, sodass sich die Weiber weniger fürchten sollten. Als der Jüngling zu ihnen gekommen war und sich zu ihnen begeben hatte, standen sie um ihn und fassten ihn mit Verwunderung an. Mittlerweile kam ein Weib vom Berg herab, das einen großen Kolben in der Hand trug. Als sie zu dem Jüngling kam, versetzte sie ihm mit ihrem Kolben von hinten einen solchen Streich, dass er nimmermehr eine Ader geregt hat. Als das geschehen war, nahmen ihn die anderen Weiber und zogen ihn bei den Füßen auf den Berg. Die Männer, die auf dem Berg waren, kamen herab mit ihren Bogen und Pfeilen und schossen heftig auf uns, sodass die Unsrigen kaum entfliehen konnten. Denn die Schifflein, in denen sie flüchteten, lagen auf Sand, sodass sie nicht schnell davonkommen konnten. Wir ließen vier Büchsen auf sie abfeuern, wiewohl dieselben niemanden trafen. Als sie deren Donner hörten, flohen sie alle auf den Berg, wo die Weiber waren. Diese teilten den Jüngling, den sie erwürgt hatten, vor unseren Augen in Stücke und zeigten uns diese Stücke, brieten sie danach auf einem Feuer, das sie gemacht hatten, und fraßen ihn zuletzt. Die Männer zeigten uns an, dass sie die anderen beiden Christen ebenfalls getötet und gefressen hatten, was wir ihnen auch gar gerne glaubten. Diese Schande tat uns sehr weh, da wir mit unseren Augen sehen mussten, wie gräulich sie mit den Toten umgingen. Darum kamen ungefähr 40 der Unsrigen überein, dass wir an Land wollten, um diese Tat zu rächen. Doch der Patron wollte uns das nicht erlauben. So hatten wir eine schwere und große Schmach erlitten und zogen mit großer Schande und voll bösen Gemütes ungerächt von dannen.

Als wir das Land verlassen hatten, da begannen wir, zwischen Ost und Südost zu fahren. Wir fuhren viele Umwege und Winkel und fanden keinen Volksstamm, der mit uns handeln oder sich uns nähern wollte. Wir fuhren, bis wir ein neues Erdreich fanden.

Als wir aber so umherschweiften, da sahen wir eines Tages eine große Menge Volkes an einem Gestade gehen, das sich über uns und unsere Schiffe verwunderte. Bei denselben hielten wir an einem sicheren Ort an und gingen danach mit unseren Schiffen zu ihnen an Land. Wir bemerkten, dass sie ein wenig milder waren als die vorigen. Wir zähmten sie lange, und zuletzt wurden sie unsere Freunde. Wir blieben fünf Tage bei ihnen und handelten inzwischen viel miteinander.

Wir wurden einig, dass wir zwei von ihnen von dannen mit uns nehmen wollten, die uns ihre Sprache lehren sollten. Dazu entschlossen sich gutwillig ihrer drei, die mit uns nach Portugal segelten.

Und dieweil es mich verdrießt, alle Dinge zu beschreiben, so wisse Eure Majestät, dass wir diesen Port verließen. Wir fuhren mit Nordwestnordwind und behielten das Land stets im Gesicht, machten viele Umwege, redeten dazwischen mit vielen Völkern und fuhren so lange, bis wir über die Sonnenwende des Steinbocks kamen, wo sich der mittägliche Polus 30 Grad erhebt.

Diese Fahrt fingen wir an vom Feld Sankt Augustinus und fuhren ungefähr 700 Leucken, gegen Westwind 100 und gegen Nordwestnordwind 600. Wenn einer da erzählen wollte, was wir dazwischen gesehen haben, so würde diesem das Papier nur so zerrinnen; und wir fanden doch nichts Außergewöhnliches außer etlichen Cassie-Bäumen[18] und etlichen, die Blech[19] samt anderen wunderbaren Dingen tragen.

Diese Fahrt dauerte zehn Monate, und als wir sahen, dass wir kein Metall finden konnten, befanden wir es für gut, dass wir auf dem Meer anderswohin fuhren. Dazumal ward in unserer Gesellschaft bekanntgegeben, dass dem, was

18 Cassie-Baum = brasilianischer Kaneelbaum, dessen Rinde Wert als Gewürz besitzt.

19 Blech: abwertend für Schmuck.

ich in dieser Schifffahrt für gut ansähe, auch die anderen folgen sollten. Darum befahl ich ihnen, dass sich ein jeder mit Wasser und Holz auf sechs Monate rüste. Denn die Schiffsleute meinten, wir würden noch so lange mit unseren Schiffen fahren. Als man diese Vorkehrung getroffen hatte, verließen wir diese Gegend und segelten mit Südostwind am dreizehnten Tag des Hornungs [Februar], wo die Sonne Tag und Nacht einander fast ganz angleicht und sich gegen unseren mitternächtlichen Himmel neigt. Wir fuhren so lange, bis wir den mittäglichen Polus 52 Grad hoch fanden, sodass wir weder die Sterne des Kleinen noch des Großen Bären sehen konnten. Denn wir waren dazumal von dem Port, von dem wir mit Südostwind abgefahren waren, am dritten Tag des April ungefähr 100 Leucken entfernt.

An diesem Tag entstand großes Ungestüm im Meer, sodass wir gezwungen wurden, unsere Segel herabzulassen und allein mit dem Mastbaum zu fahren, so heftig wehte der Nordwestwind. Meer und Luft wurden sehr ungestüm. Über diesen Sturmwirbel verwunderten sich die Unsrigen sehr. Auch waren hier die Nächte am längsten. Dann, am siebten Tag des April, waren die Nächte 15 Stunden lang; es war Winter, wie Eure Majestät erkennen mag. Als wir in solcher Trübseligkeit fuhren, da sahen wir Land, woran wir 20 Leucken entlangfuhren. Als wir uns näherten, fanden wir, dass es ganz öde war. Weder Leute noch Vieh waren darin. Es hatte auch keinen Port, und wir meinten, es sei deshalb, weil wegen der großen Kälte dort niemand wohnen könnte. Wir befanden uns dort in solcher Gefahr und solchem Ungewitter, dass wir einander nicht sehen konnten. Danach wurden wir mit dem Patron und den anderen Schiffsleuten einig, das Land zu verlassen, um wieder nach Portugal zu segeln. Das war fürwahr eine gute und nützliche Idee. Denn wären wir noch eine Nacht daselbst verblieben, so wären wir alle zugrunde gegangen. Am anderen Tage erhob sich ein solches Ungewitter, dass wir alle fürchteten, wir würden untergehen müssen. Darum gelobten wir viele Wallfahrten und gebrauchten viel mehr Handgebärden, als die Schiffsleute sonst gewohnt waren. In demselben Ungewitter fuhren wir fünf Tage mit abgelassenen Segeln. In diesen fünf Tagen fuhren wir 250 Leucken und näherten uns zur rechten Zeit dem Äquinoktial, und mit besserem Wind, womit uns Gott vor dem Ungestüm des Meeres errettete, ging unsere Fahrt mit Nord- und Nordostwind. Wir begehrten, nach Aethiopiae zu kommen, wovon wir 1300 Leucken entfernt waren. Dorthin kamen wir mit der Hilfe Gottes am zehnten Tag des Mai. Wir blieben in einer Gegend, die Serralion heißt, ungefähr 15 Tage und erquickten uns wieder von der Mühe und den Strapazen, die wir gehabt hatten.

Danach nahmen wir unseren Weg in Richtung derjenigen Inseln, die Liazeri genannt werden. Dieselben Inseln sind von Serralion 750 Leucken weit gelegen. Dahin kamen wir gegen Ende des Heumonats und blieben 15 Tage, um uns zu erquicken. Danach zogen wir wieder von dannen und rüsteten uns zur Fahrt nach Lisbona, wovon wir noch 300 Leucken entfernt waren. Dorthin kamen wir zuletzt im Jahr 1502 mit Heil und Hilfe des allmächtigen Gottes. Allein wir kamen nur mit zwei Schiffen an, denn das dritte ließen wir in Serralion und verbrannten es dort, weil es nicht mehr fahren konnte. Diese Schifffahrt dauerte 16 Monate. Solches, was ich jetzt erzählt habe, ist das Bemerkenswerteste, das ich auf der dritten Fahrt erkundet habe.

Die vierte Seefahrt (1503)

Es bliebe noch zu sagen, was ich auf meiner vierten Schifffahrt gesehen habe. Weil ich aber müde und verdrossen geworden bin und weil dieselbe Fahrt auch wegen einer Widerwärtigkeit, die uns im Atlantischen Meer begegnete, nicht zum rechten Ende gekommen ist, will ich es kurz machen. Wir fuhren mit sechs Lastschiffen aus dem Port zu Lisbona, in der Absicht, eine Insel, Melcha genannt, zu besichtigen. Diese ist wegen großer Reichtümer berühmt und hat einen Port für alle Schiffe, die aus India oder von dem Gangetischen Meer kommen: Wie Galiciae eine Herberge für alle diejenigen Schiffe ist, die vom Orient in den Okzident und wieder zurückfahren, so ist Melcha es für die, die in Richtung Calechut fahren. Und als wir am zehnten Tag des Mai des Jahres 1503, wie oben gesagt, ausfuhren, da richteten wir unseren Weg zuerst nach den Grünen Inseln[20], wie sie genannt werden. Wir trafen dort allerhand Vorkehrungen, versorgten uns mit notwendigen Dingen und lagen zwölf Tage vor Anker. Danach segelten wir mit Südostwind. Da hieß uns unser Patron ohne Grund und allein deshalb, damit seinem Kopf gegen unser aller Willen Genüge geschähe und damit man sähe, dass er ein Herr über unsere sechs Schiffe wäre, gegen Serralion fahren, das im mittäglichen Aethiopiae liegt. Und als wir dahin segelten und es schon vor uns auftauchte, da erhob sich eine unmenschliche und herbe Ungestümheit im Meer. Der starke Wind und das Glück waren so gegen uns, dass wir in vier ganzen Tagen nicht dorthin kommen mochten, wo es doch vor unseren

20 Grüne Inseln = Kapverdische Inseln.

Augen lag. Ja, wir wurden gezwungen, dieses Vorhaben zu unterlassen, und so nahmen wir unsere vorherige Fahrt wieder auf.

Wir fuhren mit Südwestwind und segelten in unserer Angst ungefähr 300 Leucken. Daher kam es, dass wir jetzt außerhalb des Äquinoktials waren. Dort sahen wir ein Erdreich, wovon wir noch auf zwölf Leucken entfernt waren und worüber wir uns nicht wenig wunderten. Dieses Erdreich war eine schöne hohe Insel, in der Mitte des Meeres gelegen, und nicht länger als zwei Leucken und eine Leucke breit. In demselben Land war nie ein Mensch gewesen oder hatte darin gewohnt, nichtsdestoweniger wurde sie unser großes Unglück: Unser Verweser verlor sein Schiff wegen seines tollen Anschlages. Denn es zerschellte an einem Felsen in der Sankt-Lorenz-Nacht, welches der zehnte Tag des August ist. Es ging unter, und nichts kam davon außer den Schiffsleuten. Das Schiff führte ungefähr 300 Fässer, worin all unser Hab und Gut war. Wir bemühten uns alle, es zu retten. Da befahl mir der Verweser, ich sollte mit einem Schifflein auf der Insel einen Platz suchen. Dahin wollten wir unsere Schiffe in Sicherheit bringen. Doch wollte er es mir nicht gönnen, dass ich mein Schiff mit mir nähme, um dem zerschellten Schiff zu Hilfe zu kommen. Ich sollte nur einen Port suchen, dann wollte er mir mein Schiff wiedergeben.

Als ich nun den Befehl empfangen hatte, nahm ich meinen Knecht mit mir und eilte zu der Insel, von der wir noch ungefähr vier Leucken entfernt waren. Dort fand ich einen hübschen Port, worin alle unsere Schiffe ohne Sorgen ankern mochten. Als ich denselben gefunden hatte, erwartete ich den Verweser mit seinen Schiffen acht ganze Tage lang, und da sie nicht kommen wollten, verdross es mich nicht wenig.

Und die, die bei mir waren, erschraken so übel, dass ich sie gar nicht mehr trösten konnte.

Als wir uns aber in dieser Angst befanden, sah ich am achten Tag ein Schiff auf dem Meer fahren. Wir fuhren demselben entgegen, in der Hoffnung, dass es uns aufnehmen und uns zu einem besseren Port fahren würde. Da wir nun zu ihnen kamen, einander begrüßt und willkommen geheißen hatten, erzählten sie uns, wie des Verwesers Schiff im Meer ganz untergegangen sei. Nichts außer den Schiffsleuten sei davongekommen. Diese Botschaft betrübte mich nicht wenig, wie Eure Majestät ermessen mag. Denn ich sah, dass ich auf einem weiten Meer war, 1000 Leucken von Lisbona entfernt, wohin wir wieder zurück mussten. Dennoch wagten wir uns weiter und fuhren fort und kamen zuerst an die vorgenannte Insel. Daselbst sorgten wir für Vorrat an Holz und Wasser und rüsteten mein Lastschiff. Die Insel war nicht bewohnt, und viel gutes Wasser quoll darin, das gut zu trinken war. Es waren auch viele hübsche Bäume und Vögel dort, die auf dem Land und im Wasser wohnten und so zahm waren, dass sie sich mit den Händen fangen ließen. Wir fingen derer viele und füllten ein Schifflein voll. Sonst aber fanden wir keine Tiere darin, bis auf sehr große Mäuse und Eidechsen, die einen gespaltenen Schwanz hatten. Auch sahen wir etliche Schlangen.

Als wir daselbst für Vorrat gesorgt hatten, fuhren wir mit einem Wind zwischen dem Nordwestnord- und dem Mittagswind. Denn der König hatte uns befohlen, wir sollten uns nicht in Gefahr begeben und unsere vorige Schifffahrt vollenden. Und nachdem wir die Fahrt begonnen hatten, fanden wir einen Port, den nannten wir »Allerheiligenabtei«. Dahin brachte uns unser Herrgott in 17 Tagen mit glücklichem Wind. Es ist derselbe Port, der 300 Leucken von der bereits erwähnten Insel gelegen ist. Dort fanden wir unseren Verweser nicht, auch niemanden von der ganzen Gesellschaft, obgleich wir daselbst zwei Monate und vier Tage verbrachten.

Als diese Zeit um war und wir sahen, dass niemand dahin kam, da wurden wir in unseren Schiffen einig: Wir wollten weiterfahren. Und als wir 260 Leucken gefahren waren, kamen wir an einen anderen Port und beabsichtigten, daselbst ein Kastell zu errichten, was wir auch taten. Wir ließen dort 24 Christen zurück, die wir von dem zerschellten Schiff unseres Verwesers aufgesammelt hatten. In demselben Port blieben wir fünf Monate. Inzwischen bauten wir das Kastell und beluden unsere Schiffe mit Bresilgenholz[21], denn wir mochten aus Mangel an Schiffsleuten und anderer Ausrüstung nicht weiterkommen. Als wir das vollbracht hatten, entschlossen wir uns, wieder nach Portugal zu segeln. Das mussten wir mit Nord- und Nordostwind tun. Wir verließen die Christen auf der Insel, gaben ihnen Waffen und Geschütze samt Proviant für sechs Monate und hatten ihnen auch Frieden mit dem Volk desselben Landes verschafft. Von diesem Volk wird hier nichts gesagt, wiewohl wir viel mit ihm gehandelt haben. Wir gingen mit ihnen 30 oder 40 Meilen in die Insel hinein, wo wir viel sahen; dies spare ich auf für das Buch von den Vier-Tage-Reisen.

Wir fingen unsere Fahrt an mit Nordnordwind und segelten gen Lisbona, unserem Vorhaben gemäß, und gelangten zuletzt nach viel Angst und Not in den Port. Auch hatten wir große Mühe am 27. Tag, nachdem wir von unseren Christen geschieden waren, und am 28. Tag des Brachmonats im Jahre 1504. Mit der Hilfe Gottes kamen wir wieder an und sind mit Ehren empfangen worden. Denn es hatte jedermann in der Stadt vermutet, wir seien wie die anderen im Meer ertrunken. So vergilt Gott, der gerechte Richter, den Hochmut.

Und nun bin ich allhier zu Lisbona; unwissend, was der Durchlauchtigste König noch mit mir, der ich nun

21 Bresilgenholz = Brasilettoholz = westindisches Rotholz.

nach so viel Mühe und Strapazen der Ruhe heftig begehre, machen wird. Diesen Boten befehle ich hiermit zu Eurer Majestät.

Americus Vesputius in Lisbona

Personen mit Lebensdaten

(a) Entdecker, Forscher, Gelehrte, Geistliche

Álvares, Francisco (?–zwischen 1533 und 1542)
Alliacus, Petrus s. Ailly, Pierre d'
Ailly, Pierre d' (ca. 1350–1422; Kardinal 1411)
Anghiera, Peter Martyr von (1459–1526)
Azambuja, Diogo de ([1432–1518], tätig besonders letztes Viertel 15. Jh.)
Balboa, Vasco Núñez de (um 1475–1517)
Behaim, Martin (1459–1507)
Beraldi, Juanoto (?–1495)
Bjarne Herjolfsson (2. Hälfte 10. Jh.)
Boninsegni, Domenico di (1384–1466)
Cabot, John s. Caboto, Giovanni
Caboto, Giovanni (?–1498)
Cabral, Pedro Álvares (1467 oder 1468–zwischen 1518 und 1520)
Cadamosto, Alvise da (um 1426–1483)
Cão, Diogo (?–wahrscheinlich 1486)
Coelho, Gonçalo [keine Lebensdaten im »Henze«]
Columbus, Bartolomeo ([um 1460–1514]; Bruder des C. Columbus)
Columbus, Christoph (1451–1506)
Columbus, Diego (um 1481–1526; erster Sohn des C. Columbus)
Conti, Niccolò dei (um 1397–wahrscheinlich 1469)
Cosa, Juan de la (um 1460 oder 1449?–1510)
Covilhã, Pêro da (um 1447–nach 1526)

Dias, Bartolomeu (um 1450–1500)
Dias, Dinis (Mitte 15. Jh.); Vorfahre des Bartolomeu Dias (s.)
Eanes, Gil (1. Hälfte 15. Jh.)
Erik der Rote (um 950–um 1007)
Eratosthenes von Kyrene (um 275–um 195 v.Chr.)
Escobar, Pêro de (tätig 2. Hälfte 15. Jh.)
Gama, Vasco da (um 1469–1524)
Gandia, Enrique de (1906–2000)
Gomes, Fernão (tätig 3. Viertel 15. Jh., besonders 1469–1475)
Gonçalves, Antão (tätig 2. Viertel 15. Jh.)
Gonçalves, Lopo (tätig 2. Hälfte 15. Jh.)
Gunnbjörn Ulfsson (2. Hälfte 9. Jh.)
Gutenberg, Johannes (ca. 1397–1468)
Hammer, Heinrich (latinisiert: Henricus Martellus Germanus; tätig ca. 1480–1496)
Hedin, Sven (1865–1952)
Heine-Geldern, Robert (1885–1968)
Heinrich der Seefahrer (1394–1460)
Herodot aus Halikarnassos (ca. 484–425 v. Chr.)
Heyerdahl, Thor (1914–2002)
Hojeda, Alonso de (um 1473–1515/1516)
Humboldt, Alexander von (1769–1859)
Ḫuwārizmī, Abū Ǧa'far Muhammad ibn Mūsā al- (ca. 800–ca. 847)
Idrīsī, Abū ’Aʿbdallāh Muhammad al- (1100–1166)
Imhof, Eduard (1895–1986)
Ingstad, Helge (1899–2001)
Isidor von Sevilla (um 560–636)
Jacobus Angelus (1. Hälfte 15. Jh.)
Knöbl, Kuno (1936–2012)
Krates von Mallos (2. Jh. v.Chr.)
Lapacino, Francesco di (1. Hälfte 15. Jh.)
Le Maire, Jacob (1585–1616)

Lepe, Diego de (?–1502)
Magalhães, Fernão de (um 1480–1521)
Magallanes, Fernando oder Hernando de (span.) s. Magalhães, Fernão de (portug.)
Magellan, Ferdinand (deutsch/engl.) s. Magalhães, Fernão de (portug.)
Marinus von Tyrus (tätig um 100)
Martyr, Peter s. Anghiera, Peter Martyr von
Medici, Lorenzo di Pierfrancesco de' (1463–1503)
Mercator, Gerhard (1512–1594)
Monegal, Emir Rodríguez (1921–1985)
Münster, Sebastian (1488–1552)
Ojeda, Alonso de s. Hojeda, Alonso de
Paiva, Afonso de (tätig letztes Viertel 15. Jh.)
Pinzón, Martín Alonso (um 1450–1493; älterer Bruder des V. Y. Pinzón)
Pinzón, Vicente Yáñez (um 1463–1514?)
Polo, Marco (1254–1324)
Ptolemaeus, Claudius (um 100–178)
Ringmann, Matthias (latinisiert: Philesius Vogesigena; um 1482–1511)
Santángel, Luis de (?–1498)
Santarém, João de (tätig 2. Hälfte 15. Jh.)
Schott, Johannes (1477–nach 1548)
Schouten, Willem Corneliszoon (um 1580–1625)
Sequeira, Ruy de (tätig 2. Hälfte 15. Jh.)
Sforza, Ascanio (Ascanius) Maria (1455–1505; Kardinal 1484)
Sintra, Pedro de (tätig 2. Hälfte 15. Jh.)
Soderini, Piero (1452–1522)
Talavera, Hernando de (ca.1428–1507)
Toscanelli, Paolo dal Pozzo (1397–1482)
Trimborn, Hermann (1901–1986)
Tristão, Nuno (?–1446)
Troll, Carl (1899–1975)

Usodimare, Antoniotto (1416–vor 1462)
Vespucci, Amerigo (1454–1512)
Vespucci, Giorgio Antonio (1434–1514)
Waldseemüller, Martin (latinisiert: Martinus Ilacomilus; um 1470–1520)
Zweig, Stefan (1881–1942)

(b) Herrscher

König Magnus VII. Eriksson (1316–1374), König von Norwegen (1319–1355) und Schweden (1319– 1363)
Roger II. von Sizilien (1095–1154), Begründer des sizilianisch-süditalienischen Normannenstaats (seit 1130 Königreich)

König Alfons VI. (1040–1109), König von Léon (1063) und Kastilien (1072)

Heinrich von Burgund (1069–1112) erhält die Grafschaft Portugal
Alfons I., der Eroberer, (1108/09?–1185), erster König von Portugal (ab 1139)
Alfons V., der Afrikaner, (1432–1481), König von Portugal (1438–1481; 1446 volljährig)
Johann II. (1455–1495), König von Portugal (1481–1495)
Manuel I. (1469–1521), König von Portugal (1495–1521)

Isabella I. von Kastilien (1451–1504), die Katholische, Königin von Kastilien-Léon (1474–1504), von Aragón (1479–1504)
Ferdinand II. von Aragón (1452–1516), der Katholische, König von Aragón (1479–1516), von Kastilien-Léon als Ferdinand V. (1474–1516)

Die Heirat der beiden Thronfolger 1469 bahnte die Krone Spanien an. 1496 bekam das Königspaar von dem in Spanien geborenen Papst Alexander VI. den Titel Katholische Könige verliehen.

Heinrich VII. aus dem Haus Tudor (1457–1509), König von England (1485–1509)

René II., Herzog von Lothringen (1451–1508)
Maximilian I. (1459–1519), König (ab 1486) und Kaiser (1508–1519) des Heiligen Römischen Reiches »Deutscher Nation«

Papst Alexander V. (Peter Philargi; um 1340–1410; Papst 1409–1410), Gegenpapst von Gregor XII. und Benedikt XIII.
Papst Alexander VI. (Rodrigo Borgia; um 1430–1503; Papst 1492–1503)

Möchten Sie regelmäßig über neue Veröffentlichungen und Veranstaltungen informiert werden sowie exklusive Einblicke erhalten? Dann abonnieren Sie unseren Newsletter!

Es ist ganz einfach - besuchen Sie unsere Internetseite oder nutzen Sie den beigefügten QR-Code, um sich für unseren Newsletter anzumelden.

Wir freuen uns darauf, Sie willkommen zu heißen!

Bibliografische Information der Deutschen Nationalbibliothek
Die Deutsche Nationalbibliothek verzeichnet diese Publikation in der Deutschen Nationalbibliografie; detaillierte bibliografische Daten sind im Internet über http://dnb.d-nb.de abrufbar.

3. Auflage 2024

Der Text wurde behutsam revidiert
nach der Ausgabe Edition Erdmann Stuttgart 1992.

Lektorat: Dietmar Urmes, Bottrop
Covergestaltung: Groothuis. Ideen und Passionen GmbH
Bildnachweis: Südamerikanischer Urwald.
Farblithographie, 1911 © akg-images GmbH, Berlin
Satz und Bearbeitung: Medienservice Feiß, Burgwitz
Der Titel wurde in der Adobe Garamond gesetzt.
Gesamtherstellung: CPI books GmbH
Printed in Germany

ISBN: 978-3-7374-0004-6

Mehr über Ideen, Autoren und Programm des Verlags finden Sie auf www.verlagshausroemerweg.de und in Ihrer Buchhandlung.

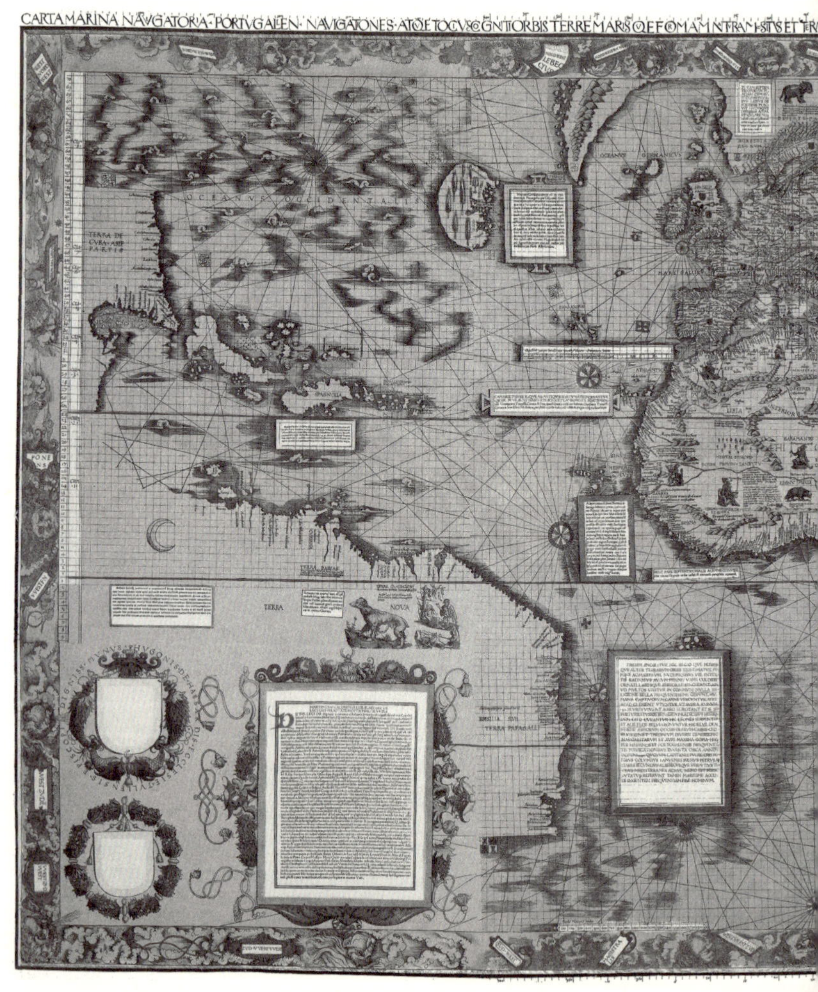

CARTA MARINA NAVIGATORIA PORTVGALLEN NAVIGATIONES ATQVE TOCIVS COGNITI ORBIS TERRE MARISQVE FORMA NATVRA SITVS ET TERM
OCEANVS OCCIDENTALIS
OCEANVS GERMANICVS
TERRA DE CVBA ASIE PARTIS
PONENS
TERRA
NOVA
BRESILIA SIVE
TERRA PAPAGALLI